「我们爱朗读」系列丛书

古文诵读

（第2版）

张涵 编著

图书在版编目(CIP)数据

古文诵读/张涵编著. --2版. --北京:中国传媒大学出版社,2018.7
(2023.9重印)
("我们爱朗读"系列丛书)
ISBN 978-7-5657-2272-1

Ⅰ.①古… Ⅱ.①张… Ⅲ.①古典散文—朗诵—中国 Ⅳ.①H119

中国版本图书馆 CIP 数据核字（2018）第 165356 号

古文诵读（第 2 版）
GUWEN SONGDU(DI-ER BAN)

编 著	张 涵
策划编辑	赵 欣
责任编辑	赵 欣 张 笛
特约编辑	高卓毓
责任印制	李志鹏
封面设计	创意源文化艺术
出版发行	中国传媒大学出版社
社　　址	北京市朝阳区定福庄东街1号　邮　编　100024
电　　话	86-10-65450528　65450532　传　真　65779405
网　　址	http://cucp.cuc.edu.cn
经　　销	全国新华书店
印　　刷	唐山玺诚印务有限公司
开　　本	880mm×1230mm　1/32
印　　张	8
字　　数	194 千字
版　　次	2018 年 8 月第 2 版
印　　次	2023 年 9 月第 2 次印刷
书　　号	ISBN 978-7-5657-2272-1/H·2272
定　　价	35.00 元

本社法律顾问：北京嘉润律师事务所　郭建平

第2版修订说明

《古文诵读》自 2011 年 10 月出版以后,受到播音员主持人、播音与主持艺术专业师生和广大播音主持艺术爱好者的好评。很多高校将此书选为教材,并要求学生对这些古文进行熟读或背诵。

本书精选了自西周至清代百余篇对后世影响较大、流传久远的散文,包括说、表、序、铭、记、传、书等文体。将古文诵读融入播音主持语音发声训练的教学实践取得了良好的效果,既让学生在经典散文的熏陶中进行了语音、呼吸控制、口腔控制、声音弹性等吐字发声的训练,又让学生开阔了视野,丰富了知识。

作者根据教学实践和读者反馈,对本书进行了以下修订:

第一,精简内容。例如,将教学中很少用到的"历代名联"全部删掉。将每篇古文所附的题解合并到诵读提示,删掉重复讲解的内容。

第二,突出诵读。例如,在每篇古文中标注"断句顿挫建议"。将"赏读提示"改为"诵读提示",重点讲解古文诵读的方法和技巧。

第三,链接知识。大部分古文后面附有"知识链接",介绍作者、作品、创作背景等知识点,帮助学生对古文的理解和感受。

由于水平有限,此次修订工作难免有遗漏之处,恳请读者提出宝贵意见,帮助我们把《古文诵读》修订得更加完善。

前　言

　　本书主要讲述古典散文的诵读,分元杂剧唱词诵读、古代散文诵读两个部分。文言文是在古汉语口语的基础上加工提炼形成的一种以简洁、典雅为特征的书面语体,有说、表、序、铭、记、传、书等。

　　"诵读",既不同于"看",也不同于"念"。看古文,是诉诸视觉的,个人的理解能力不同,对古文的消化、吸收也不相同。念古文,仅仅是一种由文字版向有声版的转化过程,照字出声、照本宣科而已。而诵读,则是要以文字版本为基本依托,经过诵读者的理解感知,再将文字的东西转化为有声的语言,并以语言技巧的综合运用,使得有声语言更准确、更鲜明、更生动、更感人。这个过程就是有声语言的二度创作过程,也是语言艺术的再造过程。

　　"诵读",既不同于朗读,也有别于朗诵。狭义的朗读,就是用清晰、响亮的声音把文章读出来,以传达文章的思想内容为主要目的。广义的朗诵,是用清晰、响亮的声音,结合各种有声语言表达技巧或体态、手势、表情、动作等手段来完善地表达作品思想感情的语言艺术形式。舞台朗诵,则又需借助灯光、服饰、音乐、音响、化妆、造型等的烘托,成为一种艺术表演形式。"诵读"概念的界定,应当是用清晰、响亮的声音,结合各种有声语言表达技巧或必要的体态、手势、表情、动作等来艺术性地表达作品思想感情的语言形式。这是播音员、主持人语言艺术的基本功之一。

古语云:置之齐则齐语,置之楚则楚语。学习语言需要有一个"活"的语境。古典散文诵读课,在时下高等院校的教学框架内,没有多少现成的范例和图式可循,教学体例、方式方法、作品选用、教学时长安排、理论与实践比例分割等等都在探索之中。为此我们开设古典散文诵读课的目的就是希望通过一个学期的讲解和训练,帮助、启发和引导学生开阔视野,增进知识,丰富想象,陶冶智慧、风骨、胸怀和情操,同时将古典散文的诵读实践结合与此同步进行的普通话语音学、播音发声学两门课的教学,融入播音主持语言基础训练的框架,配合语音字词训练、气息训练、口腔控制、吐字发声,争取在有限的教学时间内收到1+2>3的效果。

中华古典散文历史源远流长,名篇佳作美不胜收。优秀古典散文是传统文化的精髓、民族语言的典范、文学艺术的奇葩。本书共选用中国古代自西周至清代的百余篇对后世影响较大的散文,采取以诵读为主、讲解为辅的方式,对作者的生平、时代背景、创作风格等只点染大概,重点在字词解释、翻译原文的基础上,侧重于诵读技巧的熏染和培养。学生应大致了解作者的生平、时代背景、创作风格,掌握古典散文的一般诵读格式及方法,能够举一反三、闻一知十,教学目的就基本达到了。

诵读是诵读者的再创作活动。要求学生:1. 准确地把握作品内容。做到正确、深入地理解,深刻、细致地感受体验,丰富、逼真地想象玩味。2.把握作品的基调。基调是层次、段落、语句中具体思想感情的综合表露,是作品总的态度感情、总的色彩和分量,基调是诵读成功与否的关键。3.要具备规范的语言基本功。要求口齿清晰、字正腔圆、声情并茂。4.具备准确到位的外部表现技巧。如词语重音、语法重音、感情重音,逻辑停顿、感情停顿、语法停顿和结构停顿,语调的急缓顿挫、高低抑扬的变换,节奏的快慢松紧等。

古典散文诵读课要求学生经过大课 8 周 32 课时的讲解和训练,争取达到以下五个方面的标准:1.诵出"内容";2.诵出"情采";3.诵出"韵味";4.诵出"意境";5.诵出"余味"。本课程教学的重点和难点是以《论语》《孟子》《庄子》《老子》《战国策》《左传》为代表的先秦诸子散文和历史散文;以《史记》《前出师表》《陈情表》《兰亭集序》《桃花源记》为代表的两汉魏晋南北朝散文;以《滕王阁序》《陋室铭》《马说》《师说》《黔之驴》《阿房宫赋》《岳阳楼记》《醉翁亭记》《前赤壁赋》为代表的唐宋散文;以王实甫、关汉卿、汤显祖为代表的元杂剧唱词;以《聊斋志异》《黄生借书说》《登泰山记》为代表的明清散文的一般诵读格式、腔调及方法。由于受中学语文教学的影响,多数学生对古文的诵读还处在"出声念字"的初级阶段,尚不了解在散文诵读中声音、情感如何运用,不会在"诵"的过程中将语句腔调"甩开""托住"和"拖住",不知道古文的诵读应与日常说话有截然不同的区别。这里面既有语言习惯问题,还有气息控制、口腔控制、吐字归音的问题。解决这些技术层面的问题,重新建树起"诵"的语言模态,当是古文诵读教学的第一难点所在。第二个难点是,经过熏染和训练,部分学生也能掌握论说、叙事、抒情散文的一般诵读格式、腔调及方法,但不论诵读什么内容的散文都用一种固定格式去机械地套用,既无鲜明的内容,又无饱满的情采,当然也缺乏韵味和意境。在艺术语言的表达层面上,无大碍也无大错,但没个性,不精彩,缺少感染力,这才是最严重的"软伤"和"隐伤"。专业教师应设法激唤起这类学生的创作激情,让他们在进入澎湃荡漾的情状下去体验、去感受,去完成行腔使句的创作。

教学进度表

次数序号	教学内容	理论/实践	课时数
第一次教学内容	第一单元 先秦散文(一)	实训	4
第二次教学内容	第一单元 先秦散文(二)	实训	4
第三次教学内容	第二单元 汉魏、南北朝散文(一)	实训	4
第四次教学内容	第二单元 汉魏、南北朝散文(二)	实训	4
第五次教学内容	第三单元 唐宋散文(一)	实训	4
第六次教学内容	第三单元 唐宋散文(二)	实训	4
第七次教学内容	第四单元 元杂剧唱词	实训	4
第八次教学内容	第五单元 明清散文	实训	4

实训环境要求:多媒体合堂教室,电子课件。

实训教学形式:课堂教学主要采取主讲教师大课集中讲授示范、教师带诵、学生自诵、学生齐诵、优生领诵、教师导诵等多种形式,引导、督促学生诵读。

CONTENTS 目录

第一单元 先秦散文

(一)

尚书(一则) /1

周易(六则) /3

道德经(八则) /5

论语(四十一则) /11

孟子(九则) /28

(二)

庄子(四则) /44

孙子兵法(九则) /52

管子(一则) /58

墨子(二则) /59

列子(二则) /61

荀子(四则) /65

韩非子(五则) /70

吕氏春秋(二则) /76

左传(二则) 左丘明 /77

战国策(四则) /82

楚辞(二则) /88

孝经(三则) /92

礼记(八则) /95

山海经(二则) /102

第二单元 汉魏、南北朝散文

(一)

史记(四则) 司马迁 /105

淮南子(四则) /117

新序(一则) 刘向 /122

说苑(一则) 刘向 /123

过秦论(节选) 贾谊 /125

诫子书　诸葛亮　/129
隆中对(节选)　诸葛亮　/131
典论(一则)　曹丕　/133

(二)

前出师表(节选)　诸葛亮　/135
陈情表(节选)　李密　/139
兰亭集序　王羲之　/142
桃花源记　陶渊明　/147
文心雕龙(二则)　刘勰　/152
水经注·三峡　郦道元　/153

第三单元　唐宋散文

(一)

滕王阁序　王勃　/156
陋室铭　刘禹锡　/164
马说　韩愈　/166
师说　韩愈　/169
以铜为鉴(一则)　李世民　/174
谏太宗十思疏(节选)
　　　　　魏征　/175

(二)

黔之驴　柳宗元　/179
阿房宫赋(节选)　杜牧　/182
岳阳楼记　范仲淹　/186
醉翁亭记　欧阳修　/191

秋声赋(节选)　欧阳修　/195
爱莲说　周敦颐　/198
读孟尝君传　王安石　/200
前赤壁赋　苏轼　/202
四句教(一则)　张载　/208
朱子家训　朱熹　/210

第四单元　元杂剧唱词

西厢记·第四本·第三折(节选)
　　　　　王实甫　/214
窦娥冤·第三折(节选)
　　　　　关汉卿　/220
牡丹亭·惊梦(节选)
　　　　　汤显祖　/226

第五单元　明清散文

小窗幽记(十八则)
　　　　　陈继儒　/229
菜根谭(二则)　洪应明　/232
幽梦影(三则)　张潮　/233
聊斋志异·狼　蒲松龄　/234
艺概·书概(一则)
　　　　　刘熙载　/237
黄生借书说　袁枚　/238
登泰山记(节选)　姚鼐　/242

第一单元　先秦散文

（一）

重点、难点：语录体、记事体散文的语态、节奏等诵读技巧。

尚书（一则）

周公曰:/"呜呼!/君子/所,/其/无逸。//先知稼(jià)穑(sè)之艰难,/乃逸,/则知小人之依。//相(xiàng)/小人,/厥(jué)/父母/勤劳稼穑,/厥/子/乃不知稼穑之艰难,/乃逸/乃谚。//既诞,/否(pǐ)/则侮(wǔ)厥父母,曰:/'昔之人/无闻知。'"(《无逸》)①

【注释】1.周公:姬姓,名旦,周文王之子,亦称叔旦。文王时因采邑在周,史称周公。武王死后,其子成王年幼,由他摄政

---

① "/"表示短暂的停歇或顿挫,有时可断亦可不断,即便是停歇或顿挫也应是声音的似断非断,气息和情绪、意境不可断;"//"表示必须的停歇或顿挫;"///"表示意思的转折或大气口的安排。本书下同。

当国,对巩固和发展周王朝统治起了关键性作用。2.所:安身立命所在。3.厥:其,他的,他们的。4.稼穑:农耕农事。5.逸:安逸、享乐。

【串译】周公说:"啊!君子居官为政,切不可贪图享乐啊!要先懂得农业生产的艰难,然后才可置身于安逸之中,这样就会了解老百姓靠什么赖以生存。看那些老百姓,他们的父母勤劳地耕种收割,而他们的儿子却不懂得种庄稼的艰辛。他们贪图安逸,行为粗野,既而放肆,乃至于轻视侮慢他们的父母说:'老年人什么都不懂。'"

【诵读提示】周公是孔子最崇敬的古代圣人,被尊为儒学奠基人。所选之文是周公旦对人的谆谆告诫之语。总体口吻温婉、谦和,语重心长,有感而发,是上对下、老对幼的劝勉。诵读时语调不可过于激愤和张扬,从中弱沉实起句,语速也不能过快,应有循循善诱、耐心劝诫之态。作为当时伟大的政治家,周公从自身治政实践中总结出的爱民、重农、理国的方略,基本都包含在这段话里。诵读者如能体味出古之圣人心境,做到诵古如古是最好不过了。

知识链接

《尚书》:是我国最早的一部史书,战国时总称为《书》,汉代改称《尚书》,意为"上代之书"或"上古帝王之书",包括虞、夏、商、周四代,内容大部分是帝王的号令,也有君臣相告的文字。大体上说,平时的叫"诰",战时的叫"誓",君告臣的叫"命",臣告君的叫"谟",是一部体例比较完备的公文总集。《尚书》在作为历史典籍的同时,向来被称为我国最早的散文总集,是与《诗经》并列的文体类别,文字古奥迂涩,所谓"周诰殷盘,佶屈聱牙"。

周易(六则)

君子/终日乾(qián)乾,/夕/惕/若,厉/无咎。(《乾文言》)

【注释】1.乾乾:健行不息。2.若:语助词。3.厉:危险。
【串译】君子整天勤奋不息,甚至夜间也时时警惕,虽然面临危险却无祸害。

君子/学以聚之,/问以辨之,/宽以居之,/仁以行之。(《乾文言》)

【注释】辨:通过论辩来解决难疑。
【串译】君子努力学习以积累知识,置疑问难以辨别是非,平日胸怀宽广以博学深藏,并以仁爱之心去做事。

天行健,/君子/以/自强不息。//地势坤,君子/以/厚德载物。(《坤卦》)

【串译】高天的运行强劲刚健,君子具有高天的美德,因此能够发愤图强,奋斗不息。大地的气度厚实和顺,君子具有大地的气度,因此能够增厚美德,容载万物。

夫(fú)/大人者,/与天地合其德,/与日月合其

明,/与四时合其序,/与鬼神合其吉凶。(《乾文言》)

【串译】具有大德大才之人,其品德像天地一样化育万物,其圣明像日月一样光照天地,其行为像四时一样井然有序,其赐吉降凶像鬼神一样毫无私念。

积善之家,/必有余庆;//积/不善之家,/必有余殃。(《坤文言》)

【串译】积累善德的家族,这个家族就会有享不尽的福,如果积善之人今世享受不到,来生必有善报;一个家庭如果不积累善德,那么后世必定遭殃。

君子之道,/或出/或处,/或默/或语,//二人同心,/其/利/断金;同心之言,/其/臭(xiù)/如兰。(《系辞上传》)

【串译】君子处世待人的准则是,无论奔走于外还是静处家中,无论沉默不语还是发表言论,只要二人意气投合,就可以形成一股切玉断金的力量;而意气投合的言论,其气味就像兰草一样芬芳。

【诵读提示】今人常常以为《周易》玄妙难懂,其实也不尽然。我们选择的六则语录式的语段,只要认真揣摩还是比较好理解的。这六则主要是谈君子的为政之道及做人的原则,皆属至理名言。应从中速起句,拉长音节,用带有哲理性阐释味道的语调缓缓将其诵来。由于是"帝王之学",是大道,所以诵读时语气架子还应"端"着一些,口气应稍大些,语速不可过快,语调也不可过高,如响锤重敲,句句砸实。另外,还要注意语句的规范工整。

知识链接

《周易》:是我国一部古老而深邃的经典,据说是由伏羲的言论加以总结概括而来(同时产生了周易八卦图),被誉为"群经之首,大道之源"。从本质上讲,《周易》是对未来事态的发展进行预测、卜筮之书,相传秦始皇焚书坑儒时,宰相李斯将《周易》列入医术占卜之书而得幸免。《周易》成书的年代应是商末周初。一般认为源自《河图》《洛书》,经历上古、中古、下古三个时代,由伏羲、文王、孔子完成。《周易》分经、传两个部分。"经"包括六十四卦的符号以及与这些符号相关的卦辞、爻辞。"传"凡七种,共十篇。

道德经(八则)

道/可道,/非/常道;/名/可名,/非/常名。//无,/名/天地之始;/有,/名/万物之母。//故/常无,/欲/以观其妙;/常有,/欲以观其徼(jiào)。//此两者,/同出/而/异名,/同/谓之玄。//玄之又玄,/众妙之门。

【注释】1.道可道,非常道:此句是《道德经》的核心,其中三个"道"字,千古以来聚讼不绝。第一个和第三个"道"字是老子提出来的哲学范畴;第二个"道"字是动词,意为用言语来说明"道"。2. 名可名,非常名:老子认为,所谓"名"是人类根据不同事物各自的表征而作出的指认和命名。3. 天地之始:用"无"表述,即天地混沌未开时。4. 徼:原意为边界,引申为开端、端倪。5. 玄:深奥的、不可理解的、不可预知的。6. 众妙之门:指精深奥妙的天地万物及其变化规律的总门。

【串译】"道",是可以进行论述和说明的,然而本文所要专门讨论的"道"是"非常道",是永恒的"大道",是不能用一般的言辞所能表达出来的;"名"是可以进行命名和称呼的,然而本文所要专门讨论的"名"是"非常名",是永恒的相名。"无"可以认为是天地的开始,"有"可以认为是万物的来源。所以,可以用"常无"的方式去观察天地万物的"妙",也就是"小",可以用"常有"的方式去观察天地万物的"徼",也就是"大"。"常无"和"常有"或者说"小"和"大"的来源相同,但名称不同。这个来源可以叫作"玄"。然而,"玄"之中还有"玄",这就是"众妙之门"。

上善/若/水。//水/善利万物而不争,/处众人之所恶(wù),/故/几于/道。//居善地,/心善渊,/与善仁,/言善信,/正善治,/事善能,/动善时。//夫(fú)唯/不争,/故/无尤。

【注释】1. 上:最,上善即最善。2. 恶:厌恶。3. 几于道:接近于道。几,接近。4. 渊:深沉冷漠。5. 信:信义。6. 正:平正、正当。7. 能:能力。8. 时:时机。9. 尤:过失、罪过。

【串译】达到最高的德行,就如同水的品德一样。水滋润养育万物,却不与万物相争,总是出于众人所厌恶的卑下垢浊的地方,所以水最接近于道。上善之人总是把自己处于众人之下,心神清明深邃,施惠万物像天一样,言谈恪守信用,从政善于治理,办事善于发挥特长,行动善于把握时机。因为有不争谦下之美德,所以很少有过失。

宠辱若惊,/贵大患若身。//何谓宠辱若惊?/宠为下。得之若惊/失之若惊/是谓/宠辱若惊。//何谓贵大患若身?/吾(wú)/所以/有大患者,/为/吾/有身,/及/吾/无身,/吾/有/何患。//故/贵/以身为天下,/若/可寄天下。/爱/以身为天下,/若/可托天下。

【串译】得宠和受辱都会感到惊怕,可贵的是把大患看得和自己的生命一样重要。什么叫得宠和受辱都感到惊怕?因为得宠的人处在地位卑下的位置时,得宠会使他感到惊怕。得宠会使人感到惊怕,受辱也会使人感到惊怕,这就是"宠辱若惊"的意思。什么叫把大患看得和自己的生命一样重要?我所说的"大患上身",是因为我有那个"身"的缘故,如果我没有那个"身",那"大患"对我来说又有什么意义呢?因此,要"贵"那些能为"天下"献身的人,则可将"天下"寄予他们。要"爱"那些能为"天下"献身的人,便可将"天下"托付他们。

知其雄,/守其雌,/为天下溪。//为天下溪,/常德不离,/复/归于/婴儿。//知其白,/守其黑,/为天下式。//为天下式,/常德不忒,/复/归于/无极。//知其荣,/守其辱,/为/天下/谷。//为天下谷,/常德乃足,/复/归于/朴。/朴散/则为器,/圣人用之/则为官长(zhǎng)。//故/大制/不割。

【注释】1.雄:雄壮,比喻刚劲、强大。2.雌:比喻柔弱、谦下。3.式:模范、范式。4.忒:闪失、过失。5.无极:最终的真理。6.谷:深谷、峡谷,比喻胸怀宽广。7.朴:朴素、淳朴的原始状态。

【串译】已知"雄",守着"雌",就可以达到"天下溪"的境界或状态。有了"天下溪"的境界或状态,加上"常德"不离其身,一切就可以回到"婴儿"的状态,即宇宙混沌初开的状态。已知"白",守着"黑",这样可找到产生宇宙的公式。遵守这些范式,"常德"一般就不会产生偏差,可上溯到"无极"(宇宙诞生之时)的状态。已知"荣",守着"辱",这样可找到产生宇宙的"谷"。用产生宇宙的"谷"可使"常德"充足,从而回归于宇宙的"朴"(初始)的状态。"朴"一旦"散",也就是"膨胀"开来,就会变成"器",也就是"形"。圣人拿起这个"器"来用,把它作为治理和衡量一切的准则。用整体的观念来处理事情,就是"大制","大制"就不再作分割,就是宇宙整体。

故/建言/有之:/明道/若/昧(mèi),/进道/若/退,/夷道/若/颣(lèi)。//上德/若谷,/大白/若辱,/广德/若不足,/建德/若偷,/质真/若渝。/大方/无隅(yú),/大器/晚成,/大音/希声,/大象/无形,/道隐无名。//夫(fú)/唯/道,/善贷且成。

【注释】1.昧:暗昧。2.进道:前进的道路。3.夷道:平坦的道路。4.颣:坎坷曲折、崎岖不平的道路。5.辱:污垢。6.偷:意为惰。7. 渝：变污。8. 贷：施与、给予。

【串译】所以《建言》说：光明之道仿佛暗昧，前进之道仿佛后退，平坦之道仿佛崎岖。道德最高尚的人，胸怀如渊谷般深广；行为最清白的人，举止仿佛受到屈辱一般；德行最广大的人，仿佛总觉得还有不足之处；要建立起高尚道德仿佛得战战兢兢、如履薄冰；最质朴纯真的人仿佛让人感到还有瑕疵。最大的"方"没有对角，最大的"器"是慢慢形成的，最大的"音"没有声响，最大的"象"没有形体。"道"隐藏在一切物质之中，但又不霸占这些物质的名位。只有"道"能善待一切，且成就一切。

大成/若/缺，/其/用/不敝。/大盈/若/冲，其/用/不穷。/大直/若/屈，/大巧/若/拙，大辩/若/讷(nè)。//躁胜寒，/静胜热，/清静/为天下正。

【注释】1. 大成：最为完满的东西，极大的成就。2. 敝：破败。3. 冲：虚，空虚。4. 屈：同"曲"。5. 拙：拙笨。

【串译】大成的东西，看起来像是有残缺，用起来却可以没完没了，不会衰败。最充盈的东西，看起来像是有空虚，用起来却可以无穷无尽。最正直的东西看起来容易折屈，最灵巧的东西看起来有点笨拙，最善辩的人看起来有点木讷。躁动可战胜严寒，清静可以战胜酷热，"清静"是天下的"正"道。

善建者/不拔，/善抱者/不脱，/子孙/以祭祀不辍(chuò)。//修之于身/其德/乃真；/修之于家/其德/乃余；/修之于乡/其德/乃长；/修之于邦/其德/乃丰；/修之于天下/其德/乃普。//故以身观身，/以家观家,/以乡观乡,/以邦观邦,/以天下观天下。/吾/何以/知天下然/哉?/以此。

【注释】1.建:建立、制定。2.抱:聚拢。3.辍:中断、停止。4.余:富余。5.长:长久、长远。6.邦:国家社稷。

【串译】善于立法者自己被禁锢在法律规范之内而拔不出身子,善于聚拢徒众的人自己被聚拢在徒众之中而摆脱不了自身,子孙对其祭祀总不间断。把德修炼到一身,德表现出来的是纯真;修炼到一家,德表现出来的是富余;修炼到一乡,德表现出来的是邻里和睦长久;修炼到一国,德表现出来的是丰饶;修炼到整个天下,德表现出来的是自由平等。因此以是否纯真去观察一个人是否有德,以是否富裕观察一个家庭是否有德,以邻里相处是否和睦长久观察一个乡是否有德,以邦国的经济是否丰饶观察一个邦国是否有德,以天下百姓是否都自由平等观察天下是否有德。我凭什么去判断天下是怎样的一种状况呢?就是以此为准则。

合抱之木,/生于毫末;/九层之台,/起于累土;/千里之行,/始于足下。//民之从事,/常于几成而败之。//慎终/如/始,/则/无/败事。

【注释】1.毫末:根芽。2.从事:处理事情。

【串译】合抱的大树生于微小的根芽,九层的高台从一筐一筐的土垒起,千里的远行开始于脚下的举步。人们做事情,常常是在快要成功的时候失败的。将快要成功的时候当作开始一样谨慎行事,就不会失败。

【诵读提示】诵读《道德经》的基调和语气基本与《易经》类似。这一类文章是政论性、哲理性的,所阐发的是理国治世之大计,因此诵读者也必须将自己适当"放大",口气应坚实而硬朗,态度应坚定而自信。对文章有深入而透彻的理解和体验,是诵读成功的先提。

第三段"吾所以有大患者,为吾有身,及吾无身,吾有何患"句中出现四个"吾"字,第一人称代词"我"的意思,现代标准读音为阳平 wú,切忌误读成上声。

知识链接

老子:(约前 600—前 500),春秋时思想家、道家创始人,又称老聃,姓李名耳,楚国苦县人,做过周朝"守藏室之史"。孔子曾向他问礼,后退隐,著《老子》。

《道德经》:又称《道德真经》《五千言》,成书至少在战国中前期,是道家哲学思想的重要来源。

《道德经》分上下两篇,81 章。书中提出的"无为而治",成为中国历史上一些朝代如西汉初的治国方略。

论语(四十一则)

1.1 子曰:/"学/而/时习之,/不亦说(yuè)乎?//有朋/自远方来,/不亦乐(lè)乎?//人不知/而/不愠(yùn),不亦君子乎?"

【注释】1.子:中国古代对有地位、有学问男子的尊称,有时也泛称男子。《论语》中"子曰"的"子",一般都是指孔子而言。2.学:主要是指学习西周的礼、乐、诗、书等传统文化典籍。3.时习:时常演习礼、乐,复习诗、书,也含有温习、实习、练习的意思。4.说:同"悦",愉快、高兴。5.有朋:一本作"友朋",志同道合的人。6.乐:与"说(悦)"有所区别。旧注说:"悦在内心,乐则见于外。"7.知:了解。8.愠:恼怒、怨恨。9.君子:有时指有德者,有时指有位者,此处指孔子理想中具有高尚人格的人。

【串译】孔子说:"学了又时常温习和练习,不是很愉快的吗?有志同道合的人从远方来,不是很令人高兴的吗?人家不了解我,我也不怨恨和恼怒,不也是一个有德的君子吗?"

1.4 曾子曰:/"吾/日/三省(xǐng)/吾身——/为人谋/而/不忠乎?/与朋友交/而/不信乎?传/不习乎?"

【注释】1.曾子:姓曾名参,孔子得意门生,以孝出名,据说《孝经》就是他写的。2.三省:省,检查、察看。"三省"有几种解释:一是三次检查,二是从三个方面检查,三是多次检查。古代在有动作性的动词前加上数字,表示动作频率高,不一定就是三次。3.传不习:受之于师谓之传。习指温习、实习、演习。

【串译】曾子说:"我每天多次反省自己:为别人办事有没有尽心竭力了呢?同朋友交往是不是诚实可信呢?老师传授给我的学业有没有复习呢?"

1.8 子曰:/"君子,/不重/则/不威;/学/则/不固。/主/忠信。//无/友/不如己者;/过/则/勿惮(dàn)改。"

【注释】1.君子:一直贯穿于本段始终,因此这里应当有一个断句。2.重:庄重、自持。3.学则不固:一是作"坚固"解,与上句相连,不庄重就没有威严,所学也不坚固;二是作"固陋"解,比喻见闻少,学了就可以不固陋。4.主忠信:以忠信为主。5.无:通"毋","不要"的意思。6.不如己:一般解释为不如自己。另一种解释说:不类乎己,所谓"道不同不相为谋"。后一种解释更为符合孔子的原意。7.过:过错、过失。8.惮:害怕、畏惧。

【串译】孔子说:"君子,不庄重就没有威严;学习可以使人不闭塞、固陋;要以忠信为主,不要同与自己不同道的人交朋友;有了过错,就不要怕改正。"

1.14 子曰:/"君子/食无求饱,/居无求安,/敏于事/而/慎于言,/就有道/而/正焉,/可谓/好学也已。"

【注释】1.就:靠近、看齐。2.有道:指有道德的人。3.正:匡正、端正。

【串译】孔子说:"君子,饮食不求饱足,居住不要求舒适,对工作勤劳敏捷,说话却小心谨慎,到有道德的人那里去匡正自己,这样可以说是好学了。"

1.16 子曰:/"不患/人之不己知,/患/不知人也。"

【注释】1.患:忧虑、怕。2.人:指有教养、有知识的人。

【串译】孔子说:"不怕别人不了解自己,只怕自己不了解别人。"

2.2　子曰:/"诗/三百,/一言以蔽之,曰:/'思/无邪。'"

【注释】1.诗三百:诗,指《诗经》,此书实有305篇,"三百"只是举其整数。2.蔽:概括的意思。3.思无邪:为《诗经·鲁颂》中的一句,此处的"思"作"思想"解。无邪,指"纯正"。

【串译】孔子说:"《诗经》三百篇,可以用一句话来概括它,就是'思想纯正'。"

2.4　子曰:/"吾/十有(yòu)五/而/志于学,/三十/而/立,/四十/而/不惑,/五十/而/知天命,/六十/而/耳顺,/七十/而/从心所欲,不逾(yú)矩(jǔ)。"

【注释】1.有:同"又"。2.立:站得住。3.不惑:不被外界事物所迷惑。4.天命:指不能为人力所支配的事情。5.耳顺:指对那些于己不利的话或不顺耳的话也能正确对待。

【串译】孔子说:"我十五岁立志于学习,三十岁能够自立,四十岁能不被外界事物所迷惑,五十岁懂得了天命,六十岁能正确对待各种言论,七十岁能随心所欲而不越出规矩。"

2.11　子曰:/"温故/而/知新,/可以/为师矣。"

【注释】1.故:过去的知识。2.新:新体会、新发现。
【串译】孔子说:"在温习旧知识时,能有新体会、新发现,就可以当老师了。"

2.15　子曰:/"学而不思/则/罔,思而不学/则/殆。"

【注释】1.罔:迷惑、糊涂。2.殆:疑惑、危险。
【串译】孔子说:"只读书、读死书而不思考问题,就会惘然无知而没有收获;只空想而不读书学习,疑惑就不会解除。"

2.17　子曰:/"由!/诲女(rǔ)知之乎!/知(zhī)之/为/知之,/不知/为/不知,//是/知(zhì)也。"

【注释】1.由:姓仲名由,字子路,孔子的学生,长期追随孔子。2.女:同"汝",你。
【串译】孔子说:"由,我教给你做人做事的道理,你明白了吗?知道就是知道,不知道就是不知道,这才是真正的智慧。"

4.8　子曰:/"朝(zhāo)/闻道,/夕/死可矣。"

【串译】孔子说:"早晨听说、得知了好的道理,就是当天晚上死去也甘心了。"

4.17　子曰:/"见贤/思齐焉,/见不贤/而/内自省(xǐng)也。"

【串译】孔子说:"见到贤人就应该向他学习、看齐,见到不贤的人就应该自我反省。"

4.24　子曰:/"君子/欲/讷(nè)于言/而/敏于行。"

【注释】1.讷:迟钝,这里指说话谨慎。2.敏:敏捷、反应快速。

【串译】孔子说:"君子说话要谨慎,而行动要敏捷。"

5.15　子贡问曰:/"孔文子/何以/谓之'文'也?"/子曰:/"敏/而/好学,/不耻下问,//是以/谓之'文'也。"

【注释】1.孔文子:指卫国大夫孔圉(yǔ),"文"是谥号,"子"是尊称。2.敏:敏捷、勤勉。

【串译】子贡问孔子:"为什么给孔文子一个'文'的谥号呢?"孔子说:"他聪敏勤勉而好学,不以向地位卑下的人请教为耻,所以给他谥号叫'文'。"

6.18　子曰:/"质胜文/则野,/文胜质/则史。//文质彬彬,然后/君子。"

【注释】1.质:朴实、自然、无修饰的。2.文:文采,经过修饰的。3.野:此处指粗鲁、鄙野,缺乏文采。4.史:言词华丽,这里有虚伪、浮夸的意思。5.彬彬:指文与质的配合贴切、恰当。

【串译】孔子说:"质朴多于文采,就像个乡下人,流于粗俗;文采多于质朴,就流于虚伪、浮夸。只有质朴和文采配合恰当,才算君子。"

6.20 子曰:/"知之者/不如/好(hào)之者,/好之者/不如/乐(lè)之者。"

【串译】孔子说:"懂得它的人,不如爱好它的人;爱好它的人,又不如以它为乐的人。"

6.23 子曰:/"知(zhì)者/乐(yào)水,/仁者/乐山。//知者/动,/仁者/静。/知者/乐,/仁者/寿。"

【注释】1.知:同"智"。2.乐:古音 yào,喜爱。
【串译】孔子说:"聪明的人喜爱水,有仁德的人喜爱山。聪明的人活泼,有仁德的人沉静。聪明的人快乐,有仁德的人长寿。"

7.2 子曰:/"默/而/识(zhì)之,/学/而/不厌,/诲(huì)人/不倦,//何有于/我哉?"

【注释】1.识:记住。2.诲:教诲。3.何有于我哉:对我有什么难呢?
【串译】孔子说:"默默地记住(所学的知识),学习不觉得厌烦,教人不知道疲倦,这对我能有什么困难呢?"

7.8　子曰:/"不愤/不启,/不悱(fěi)/不发。//举一隅(yú)/不以/三隅反,/则/不复也。"

【注释】1.愤:苦思冥想而仍然领会不了的样子。2.悱:想说又不能明确说出来的样子。3.隅:角落。
【串译】孔子说:"教导学生,不到他想弄明白而不得的时候不去开导他,不到他想说却说不出来的时候不去启发他。教给他一个方面的东西,他却不能由此而推知其他三个方面的东西,那就不再教他了。"

7.22　子曰:/"三人行,/必有我师焉://择其善者/而/从之,其不善者/而/改之。"

【串译】孔子说:"三个人一起走路,其中必定有可以做我老师的人:选择他的善德向他学习,看到他不善的地方就作为借鉴,改掉自己的缺点。"

7.37　子曰:/"君子/坦荡荡,/小人/长戚戚。"

【注释】1.坦荡荡:心胸宽广、开阔、容忍。2.长戚戚:经常忧愁、烦恼的样子。
【串译】孔子说:"君子心胸宽广,小人经常忧愁。"

9.17　子在川上曰:/"逝者/如斯夫(fú)!/不舍昼夜。"

【串译】孔子在河边说:"消逝的时光就像这河水一样啊,不分昼夜地向前流去。"

9.26　子曰:/"三军/可夺帅也,/匹夫/不可夺志也。"

【注释】1.三军:古代12 500人为一军,三军,包括大国所有的军队,此处言其多。2.匹夫:平民百姓,主要指男子。
【串译】孔子说:"一国军队,可以夺去它的主帅;但一个男子汉的志向是不能被强迫改变的。"

9.28　子曰:/"岁寒,/然后/知/松柏之后凋也。"

【串译】孔子说:"到了寒冷的季节,才知道松柏是最后凋谢的。"

12.24　曾子曰:/"君子/以文会友,/以友辅仁。"

【串译】曾子说:"君子以文章学问来结交朋友,依靠朋友帮助自己培养仁德。"

13.6　子曰:/"其/身正,/不令/而行;//其/身不正,/虽令/不从。"

【串译】孔子说:"自身正,即使不发布命令,老百姓也会去做;自身不正,即使发布命令,老百姓也不会服从。"

13.17　子夏为莒父(fú)宰,/问政。/子曰:/"无/欲速,/无/见小利。//欲速,/则/不达;/见小利,/则/大事不成。"

【注释】莒父:莒,鲁国的一个城邑,在今山东省莒县境内。
【串译】子夏做莒父的总管,向孔子请教怎样办事。孔子说:"不要求快,不要贪求小利。求快,反而达不到目的;贪求小利,就做不成大事。"

13.23　子曰:/"君子/和/而/不同,/小人/同/而/不和。"

【串译】孔子说:"君子讲求和谐而不同流合污,小人只求完全一致,而不讲求协调。"

13.26　子曰:/"君子/泰/而/不骄,/小人/骄/而/不泰。"

【串译】孔子说:"君子安静坦然而不傲慢无礼,小人傲慢无礼而不安静坦然。"

14.28　子曰:/"君子道者三,/我无能焉:/仁者/不忧,/知(zhī)者/不惑,/勇者不/惧。"//子贡曰:/"夫(fú)/子/自道也。"

【串译】孔子说:"君子之道有三个方面,我都未能做到:仁德的人不忧愁,聪明的人不迷惑,勇敢的人不畏惧。"子贡说:"啊,老师这是在说他自己啊!"

14.30　子曰:/"不患/人/之/不己知,/患/其/不能也。"

【串译】孔子说:"不忧虑别人不知道自己,只担心自己没有本事。"

15.9　子曰:/"志士仁人,/无/求生/以/害仁,/有/杀身/以/成仁。"

【串译】孔子说:"志士仁人,没有贪生怕死而损害仁的,只有牺牲自己的性命来成全仁的。"

15.10　子贡问为仁。/子曰:/"工/欲/善其事,/必/先/利其器。//居/是邦也,/事/其/大夫之贤者,/友/其/士之仁者。"

【串译】子贡问怎样实行仁德。孔子说:"做工的人想把活儿做好,必须首先使他的工具锋利。住在一个国家,就要敬奉大夫中的那些贤者,与士人中的仁者交朋友。"

15.12　子曰:/"人/无远虑,/必有/近忧。"

【串译】孔子说:"人没有长远的考虑,必定会有眼前的忧患。"

15.21　子曰:/"君子/求诸己,/小人/求诸人。"

【串译】孔子说:"君子求之于自己,小人求之于别人。"

15.23　子曰:/"君子/不/以言举人,/不/以人废言。"

【串译】孔子说:"君子不因为一个人说的话来举荐他,也不因为一个人有缺憾而不采纳他的话。"

15.27　子曰:/"巧言乱德。/小/不忍,/则/乱/大谋。"

【串译】孔子说:"花言巧语败坏人的德行。小事情不忍耐,就会败坏大事情。"

15.31　子曰:/"吾/尝/终日不食,/终夜不寝,/以思,/无益,//不如/学也。"

【串译】孔子说:"我曾经整天不吃饭,彻夜不睡觉,左思右想,结果没有什么好处,还不如去学习。"

15.40　子曰:/"道/不同,/不相为谋。"

【串译】孔子说:"道行、主张不同,就不与之互相商议事情。"

16.9 孔子曰:/"生而知之者/上也;//学而知之者/次也;//困而学之,又其次也;//困而不学,/民/斯为下矣。"

【串译】孔子说:"生来就知道的人,是上等人;经过学习才知道的,是次一等的人;遇到困难再去学习的,是又次一等的人;遇到困难还不学习的人,这种人就是下等人了。"

17.9 子曰:/"小子/何莫学夫(fú)诗。//诗,/可以/兴,/可以/观,/可以/群,/可以/怨。//迩(ě)之事父,/远之事君;//多识于/鸟兽草木之名。"

【注释】1.兴:激发感情的意思。一说是诗的比兴。2.观:观察了解天地万物与人间万象。3.群:合群。4.怨:讽谏上级,怨而不怒。5.迩:近。

【串译】孔子说:"你们为什么不学习《诗》呢?学《诗》可以激发志气,可以观察天地万物及人间的盛衰得失,可以使人懂得合群的必要,可以使人懂得怎样去讽谏上级。近可以用来侍奉父母,远可以敬奉君主;还可以多知道一些鸟兽草木的名字。"

【诵读提示】本书选用的《论语》四十一则语录,概括起来大致有这样几种类型:其一,注重自我道德修养,塑造君子理想完美的人格。如1.1章"学而时习之,不亦说乎?有朋自远方来,不亦乐乎?人不知而不愠,不亦君子乎?"这里的"学"不仅指学习,也可泛指学说或主张。这段话是"入道之门，积德之基"，表面上看，三句话一句一个意思，但它们不是孤立的，而是前后相互连贯的。此章提出以学习为乐事，做到人不知而不愠，反映出孔子学而不厌、诲人不倦、注重修养、严格要求自己的主张。1.4章："吾日三省吾身——为人谋而不忠乎？与朋友交而不信乎？传不习乎？"将自省看作是提升自我修养的基本方法。春秋时代，社会变化十分剧烈，传统观念已经出现危机。于是孔子提出"反省内求"的修养办法，还提出"忠"和"信"的范畴，这是一个人立身处世的基石。1.8章："君子，不重则不威；学则不固。主忠信。无友不如己者；过则勿惮改。"孔子提出了君子应当具有的品德，主要包括庄重威严、认真学习、慎重交友、过而能改等。1.14章："君子食无求饱，居无求安，敏于事而慎于言，就有道而正焉，可谓好学也已。"重点提到孔子对于君子的道德要求。另外《论语》中多次谈到自省的问题，要求弟子自觉地反省自己，自我批评，加强个人思想和道德修养，改正个人言行举止中的各种错误。

　　其二，对学习方法和治学态度的论述。如2.4章"吾十有五而志于学，三十而立，四十而不惑，五十而知天命，六十而耳顺，七十而从心所欲，不逾矩。"孔子自述他学习和修养的过程，这一过程是一个随着年龄增长、思想境界逐步提高的过程。2.17章中，孔子阐明一个深刻的道理："知之为知之，不知为不知，是知也。"对于文化知识和其他社会知识，人们应当虚心、刻苦地学习，尽可能多地加以掌握。但人的知识再丰富，也会有不懂的问题，那么就应当有实事求是的态度，只有这样才能学到更多的知识。7.2章"学而不厌，诲人不倦"，谈治学方法问题，反映了孔子教育方法的一个侧面，对中国教育思想的形成与发展产生了很大影响。

其三,对学生所传授的为人处世之道及自我社会价值实现的论述。如15.40章"道不同,不相为谋",这里所说的"道"是什么?一般认为,"道"是社会、政治的最高原则和做人的最高准则。7.22章"三人行,必有我师焉:择其善者而从之,其不善者而改之。""三人行,必有我师焉"这句话受到后代知识分子的极力赞赏。孔子虚心向别人学习的精神十分可贵,但更可贵的是他不仅要以善者为师,而且以不善者为师,这其中包含着深刻的哲理。15.9章"志士仁人,无求生以害仁,有杀身以成仁。"这段话主要是谈孔子的生死观是以"仁"为最高原则的。生命对每个人来讲都是十分宝贵的,但还有比生命更可宝贵的,那就是"仁"。"杀身成仁",就是要人们在生死关头宁可舍弃自己的生命也要保全"仁"。9.26章"三军可夺帅也,匹夫不可夺志也。""理想""志向""志气"这些词,在孔子时代称为"志","匹夫不可夺志",反映出孔子对于"志"的高度重视,甚至将它与三军之帅相比。对于一个人来讲,有自己的独立人格,任何人都无权侵犯,作为个人,应维护自己的尊严,不受威胁利诱,始终保持自己的"志向"。这就是中国人"人格"观念的形成及确定。

《论语》的内容大都是谆谆告诫式的,诵读的基本语态应是平直舒缓的,表现儒家克己复礼、温良恭俭让、谦谦君子的风度和修养。有很多句子的起句是"子曰",这两个字一定要拖开音节,用沉稳的气息将其兜住推进,层层加力,最后拉长字节,张开语势往上一挑再一平拉,从容地结束。后面的冒号中是"子曰"的内容,应稍作停顿,再接读下面的内容。

关于《论语》的诵读,兹举几例:1.4章中"吾日三省吾身"中的"吾"和"日"之间最好能有顿挫,意思更容易讲得清楚。破折号后面是"自省"的三项内容,三个问题连着用,必须注意情绪、语气、气息的连贯。声断停时,情不可断,意不可断,气亦不可断。15.40章中,子曰:"道不同,不相为谋。"意思是只有志同道合的人才能与之协商大事。"道"字在此句中应是重音,类似这样的句子,语词少,语意重,表达起来难度也大。全文就九个字,语速如果不尽量放缓,容易给人仓促之感。15.31章,子曰:"吾尝终日不食,终夜不寝,以思,无益,不如学也。"此则重心在后面,诵读应采用"爬坡"型语势,中度续进,自"以思"始逐渐发力,到"学"字达到高峰,拉开立住,"也"字在拖长过程中放平弱收。"终日不食,终夜不寝"是同结构的谓语成分,表达时要连接通贯。15.27章"小不忍则乱大谋",这句话在民间极为流行,甚至成为一些人用以告诫自己的座右铭。的确,这句话包含有智慧的因素,尤其对于那些有志于修养大丈夫人格的人来说更是至关重要的。有志向、有理想的人不会斤斤计较个人得失,更不会在小事上纠缠不清,而应有开阔的胸襟和远大的抱负,只有如此才能成就大事。"巧言乱德"是单独的句子,句后应有停顿。孔子一贯主张要"讷于言",从不喜"巧言善辩",并把花言巧语与人的品德联系起来,自有他的道理。"小不忍则乱大谋"乃句子的核心,"小不忍"后也必须安排顿挫,声音可断,技巧上用连续的气息、语流、情绪将句子承连起来。"则"字不能重读,后可安排气口,也可将"则乱"连接,其后顿挫。还应将"小"与"大"作对比强调处理。16.9章论述的是人的智慧和学习态度。有四个层次:一般来讲,其中的"生""上""学""次""困""又""不""下"字都是重音,但在这么短的句子里重音安排太多,又可能会使语流艰涩,埋没主意。因此,诵读时应按语句的逻辑关系,在不影响语意的情况下,只保留几个必须强调的"上""次""又""下",其余皆做一般性处理。此则孔子主要是强调无论什么样的人都应学习,最后"困而不学,民斯为下矣"一句,不要过分强调和渲染。17.9章是教育劝解他的学生学习《诗经》的话,也是孔子对《诗经》的基本评价,即阐述学习《诗经》的功用。孔子对其先前文学作品的评价不算多,这是比较典型的一则。文学作品是通过形象塑造打动人心的,不似政论一般直截了当、简明扼要地申明主张。所以诵读时的口气也就不能太硬,应诚挚中肯,循循善诱。"小子"应做两个上声字连读变调处理,"子"字最好不轻化。"夫"字乃语中助词,读阳平,弱化处理。"何莫"是语峰,要尽量挑得高些,第一个"诗"也应加以强调,以将句子的意思表达清楚而又有分量。"兴""观""群""怨"四字应强化做重音处理,而且用气息和语流衔接贯达起来。

知识链接

孔子:(前551—前479),名丘,字仲尼,鲁国人。春秋末期伟大的思想家和教育家,儒家学派创始人。

鲁国为周公旦之子伯禽封地,周代文物典籍保存完好,素有"礼乐之邦"之称。孔子十五岁"志于学","三十而立",开始授徒讲学,颜路、子路、冉有、子贡、颜渊等是较早的一批弟子。私学的创设打破了"学在官府"的传统,促进了学术文化的下移。鲁国自宣公后,以季氏为首的三桓擅权内乱,孔子至齐,齐景公虽悦而不能用,孔子不得志,遂又返鲁。其时季氏家臣阳货专权,孔子不愿出仕。阳货被逐后,孔子才被任为中都宰,是年51岁,后升为大司寇。但孔子的政治抱负仍难施展,遂带颜回、子路、子贡等弟子开始14年的周游列国生涯。68岁时被迎回国,仍被敬而不用。晚年致力于整理文献和继续从事教育。73岁卒,葬于鲁城北泗水之上。

《论语》是孔子应答弟子时人及弟子相与言而接闻于夫子之语，乃儒家学派经典著作之一，由孔子的弟子及其再传弟子编纂而成。它以语录体和对话体为主记录了孔子及其弟子的言行，集中体现了孔子的政治主张、伦理思想、道德观念及教育原则等。《论语》首创语录之体，汉语文章的典范性也发源于此。"论"是论纂的意思，"语"是话语、经典语句、箴言，"论语"即是论纂孔子的语言。《论语》成于众手，以孔门弟子为主。《论语》成书于战国初期，因秦始皇焚书坑儒，到西汉时有鲁人口头传授的《鲁论语》20篇、齐人口头传授的《齐论语》22篇、从孔府夹壁中发现的《古论语》21篇。现存《论语》共20篇，492章，其中记录孔子与弟子及时人谈论之语444章，记录孔门弟子相互谈论之语48章。

孟子（九则）

　　梁惠王曰：/"寡人/之于/国也，/尽心/焉耳矣！/河内凶，/则/移其民/于河东，/移其粟（sù）/于河内；/河东凶/亦然。//察/邻国之政，/无如/寡人之用心者；/邻国之民/不加少，/寡人之民/不加多。/何也？"///孟子对曰：/"王/好战，/请/以战喻。/填然鼓之，/兵刃既接，/弃甲曳（yè）兵/而走，/或/百步/而后止，/或/五十步/而后止；/以五十步笑百步，/则/何如？"//曰：/"不可。/直/不百步耳，/是/亦/走也！"/曰：/"王/如/知此，/则/无望/民之多于邻国也。"///"不违农时,谷/不可胜食也;/数罟(gǔ)不入洿(wū)池,/鱼鳖/不可胜食也;/斧斤/以/时/入山林,/材木/不可胜用也;/谷与鱼鳖/不可胜食,/材木/不可胜用,/是/使/民养生丧(sāng)死无憾也;/养生丧死/无憾,/王道之始也。"//"五亩之宅,/树之以桑,/五十者/可以衣(yì)帛矣。/鸡豚(tún)狗彘(zhì)之畜(xù),/无/失其时,/七十者/可以食肉矣。/百亩之田,/勿夺其时。/八口之家/可以无饥矣。/谨/庠(xiáng)序之教,/申之以/孝悌(tì)义,/颁白者/不负戴于道路矣。/七十者/衣帛食肉,/黎民/不饥不寒;/然而/不王(wàng)/者,/未之有也!"(《梁惠王上·寡人之于国也》)

【注释】1.焉、耳、矣:句末助词,重叠使用,加重语气。2.河内凶:河,黄河。河内,黄河以北的地方;凶,谷物收成不好、荒年。3.粟:小米,泛指粮食。4.则:假设连词"如果……就","只要……那么……"。5.察:详审,考察。6.政:政务,政事。7.无如:没有像……8.加:更。9.对:本义是对答、回答,常指臣对君、下对上说话。10.请:表敬副词,有"请允许我"的意思。11.以:介词,用……来,拿……来。12.填然鼓之:填,拟声词;鼓,此处用如动词击鼓;之,衬字,无义。13.既:副词,已经、……以后。14.接:接触、交锋。兵刃既接,指战斗已经开始。15.走:逃跑。16.或:有的人。17.何如:"怎么样""怎么办"等。18.直:副词,仅仅。只,只不过。19.耳:用于陈述句末,表限定或肯定。20.无:通"毋",不要。21.不违农时:指农忙时不要征调百姓服役。22. 违:违背、违反,这里指耽误。23. 时:季节。24. 谷:粮食的总称。25. 不可胜食:不可以完全吃掉,意为"吃不完"。胜:尽、全。26. 数:细密。27. 罟:网。28. 洿:浊水不流,这里指池塘。29. 以时:按照一定的时间,指草木凋落、生长季节过后。30. 养生:供养活着的人。31. 丧死:为死了的人办丧事;32. 憾:遗憾。33. 王道:用仁义治天下。34. 树:种植、栽种,名词用作动词。35. 衣:穿,名词用作动词。36. 豚:小猪。37. 彘:猪。38. 畜:畜养、饲养。39. 夺:失去、耽误。40. 谨:谨慎,这里指认真办事。41. 庠序:古代乡学的名称。42. 教:教化。43. 申:反复陈述。44. 悌:敬爱兄长。45. 义:道理。46. 颁白者:须发花白的人,颁,通"斑"。47. 负:背着东西。48. 戴:顶着东西。49. 未之有也:否定句中宾语"之"前置,意为"从来不曾有过"。

【串译】梁惠王说:"我对于国家可算是费尽心力了!黄河以北的地方遇到饥荒,便把那里的百姓迁移到黄河以东的地方,把黄河以东地方的粮食运到黄河以北的地方。黄河以东的地方遇到饥荒也是这样。比较起邻国的政事,没有像我这样尽心的。而邻国的百姓不减少,我的百姓不增加,这是为什么呢?"孟子回答说:"大王喜欢战争,请允许我用战争打个比方。咚咚地敲响战鼓,枪尖刀锋已经接触,抛下盔甲拖着兵器逃跑。有的人跑了一百步停住脚,有的人跑了五十步停住脚。凭借跑五十步来笑跑一百步,怎么样?"惠王说:"不可以。只不过他们没有跑到一百步罢了,这也是逃跑啊!"孟子说:"大王如果懂得这个道理,那就不要希望百姓比邻国多了。""如果兵役徭役不妨碍农业生产季节,粮食便会吃不完;如果细密的渔网不到深的池沼里去捕鱼,鱼鳖就会吃不光;如果按一定季节入山砍伐树木,木材就会用不尽。粮食与鱼鳖之类的吃不完,木材用不尽,那么百姓便对生养死葬没有什么遗憾。百姓对生养死葬都没有遗憾,就是王道的开端了。""分给百姓五亩大的宅园,种植桑树,那么五十岁以上的人都可以穿丝绸了。畜养鸡狗猪,不错过繁殖季节,那么,七十岁以上的老人都可以吃肉了。每家有百亩的耕地,官府不去妨碍他们的生产季节,那么几口人的家庭可以不挨饿了。认真地办好学校,反复地用孝顺父母、尊敬兄长的大道理教导百姓,那么须发花白的老人也就不会自己背负或顶着重物在路上行走了。七十岁以上的人有丝绸穿、有肉吃,普通百姓饿不着、冻不着,这样还不能统一天下,是从来不曾有过的事!"

【诵读提示】此则是表现孟子"仁政"思想的文章之一,论述了如何实行"仁政",以"王道"统一天下的问题。因为只有实行仁政,才能得民心;得民心,才能得天下。这种"保民而王"的思想,实际也是孟子"民本"思想的体现。

全文可分为三个部分。第一部分写梁惠王对自己"尽心于国",而"民不多加"提出疑问。这一部分诵读时要表现出梁惠王的疑惑和不解,于是才急于"请教"孟子。这一部分是梁惠王的话,语气应诚恳、真挚。梁惠王并不是个昏君或庸君,也知治国必须保民,只是不能从根本上透知爱民、养民之道而已。第二部分依据梁惠王有通过政治手段使"民加多"的愿望,孟子帮助他认识到在政治上与邻国相比,只是做了一些救灾的好事而已,本质上并没有区别。这是两个人的对话,孟子以战事作喻,用"五十步笑百步"形象地引导梁惠王,一步步地阐发自己的思想与主张。孟子反对诸侯间无休无止的相互征战,一句"王好战,请以战喻"充分把这种思想表露了出来。二人的对话语态应有身份感和对象感,要"对起来"。梁惠王是顺着孟子的话头走的,在一问一答中,孟子的善于"开导"和"牵引"的智慧和手段得到充分展现。第三部分根据梁惠王有探求如何使"民加多"的心理,以及战国时国君所具备的"统一天下"的宏愿,孟子提出自己的"仁政"主张,即减轻徭役、发展农林牧渔生产而使民"不饥不寒",在此基础上兴办教育等具体措施和要求,并指出只有通过解决人民经济生活的问题而取得人民拥戴,才能称王于天下。孟子认为应该让利于民,让民众有得以休养生息的机会,他认为梁惠王自认为的"用心"于民,做得还远远不够,这与其他国家不知满足地一味向百姓征敛只是"百步"与"五十步"的区别。第三,孟子向梁惠王表明了自己治民的理想,具体地说就是让民拥有"五亩之宅""百亩之田""鸡豚狗彘之畜"。不仅如此,孟子还非常重视教化,提出了"谨庠序"的主张,他的最高理想是黎民"衣帛食肉""不饥不寒"。在表现孟子的这些政治理想和主张时,语气要肯定,信念要坚定,从"不违农时"开始,到"黎民不饥不寒",阐述的方面虽多,但都是一个概念,先归并小"句堆",再逐次用同一语态一气诵下来。大换气之后,将语气一转,"然而不王者,未之有也!"结句。"未之有"达到状态最高点,"有"字利用上声字调的弧线,用力一挑,甩个大弯,"也"字中落,短促结住全文。

挟太山/以/超北海,/语(yù)人曰:/"我不能。"/是/诚不能也。//为/长者/折枝,/语人曰:/"我不能。"/是/不为也,/非/不能也。///故/王之不王(wàng),/非/挟太山以超北海之类也;/王/之不王,是/折枝之类也。///老/吾老,/以/及人之老;/幼/吾幼,/以/及人之幼;/天下/可/运于掌。(《梁惠王上·挟太山以超北海》)

【注释】1.挟:挟持、夹着。2.超:超越、跨过。3.太山:泰山。4.北海:渤海。挟着泰山越过北海,比喻做绝对办不到的事。5. 为长者折枝：一说对长辈弯腰作揖，枝，通"肢"。另一说，折枝，就是折树枝。6. 语：告诉，名词用作动词。7. 老吾老、幼吾幼：第一个"老"和"幼"都做动词用。老：尊敬；幼：爱护。8. 运于掌：在手心里运转，比喻治理天下很容易。

【串译】要一个人把泰山夹在胳膊下跳过北海，然后对人说："我做不到。"这是真的做不到。要一个人为老年人折一根树枝做拐杖，这人对人说："我做不到。"这是不愿意做，而不是真的做不到。大王您没有做到用道德来统一天下，这不属于把泰山夹在胳膊下跳过北海的一类，而是属于为老年人折树枝的一类。尊敬自己的老人，并由此推及到尊敬别人的老人；爱护自己的孩子，并由此推及到爱护别人的孩子。做到了这一点，整个天下便会像在自己的手心里运转一样容易治理了。

【诵读提示】两个极端的比设，将梁惠王能不能做到和愿不愿意做的为政态度和盘托出，锋芒毕现。这是孟子语言犀利尖刻的风格之一。"挟太山以超北海"到"王之不王，是折枝之类也"是第一层次。自己举例，自己作答。关键词是"诚"和"非"，应做对比重音处理，然后直击惠王要害，点明"王之不王"的属类和原因，"折枝"又成为语句重音。自"老吾老，以及人之老；幼吾幼，以及人之幼；天下可运于掌"为第二层次，是从"仁政"出发为梁惠王出谋划策。有了前面的铺垫，这里就自然而然顺理成章、水到渠成了。其中的"天下"和"掌"应强调到位，"运于"二字，以舒达中强力收结。

"以"字和"及"字在古文中多单用，"以"字就代表"以及"，不像现今两字连用成一个整体副词。所以，"老吾老，以及人之老；幼吾幼，以及人之幼"这句话里，"以"字和"及"字要分开来读，"以"字，"以及"也；"及"字，推及、推广到的意思。"以"和"及"之间必须要安排一个必要的间歇和停顿，才能将意思表达得清楚准确,富于逻辑性。

公孙丑/问曰:/"敢问/夫(fú)/子/恶(wū)乎/长(cháng)?"/曰:/"我/知言,/我/善养/吾/浩然之气。"/"敢问/何谓/浩然之气?"/曰:/"难言也。/其为气也,/至大至刚,/以直养而无害,/则塞于天地之间。/其/为气也,/配/义与道;/无是,/馁(něi)也。/是集/义所生者,/非/义/袭而取之也。/行/有/不慊(qiàn)于心,/则/馁矣。"(《公孙丑上·我善养吾浩然之气》)

【串译】公孙丑问道:"请问,先生擅长哪一方面?"孟子说:"我善于辨明、知悉别人的言辞,也善于培养自己胸中的浩然之气。"公孙丑又问道:"请问什么是浩然之气?"孟子说:"难以说得清楚啊。它作为一种气,最广大、最刚强,用正义去培养它,而不去伤害它,它就会充满天地四方之间。这种气必须与'义'与'道'相配合;没有义与道,它就会软弱无力了。这种气是正义的日积月累所产生的,不是一时的正义行为就能得到的。行为有一点亏心之处,气就软弱无力了。"

【诵读提示】此段是孟子对于"浩然之气"的阐发和解释。公孙丑是齐国人,孟子弟子。在《孟子》一书中记其言颇多,有公孙丑上下两章,6 000多字。因为孟子未尝得政,所以公孙丑设词以问之。著名的"天时不如地利,地利不如人和"、"得道者多助,失道者寡助"、"我善养吾浩然之气",即公孙丑与孟子的对话,至今广为流传,可见公孙丑也是很有学问的人。第一句"敢问夫子恶乎长?"诵读时难度较大。其中的"夫"是语中助词,应轻而长读;"子"是对人的尊称,相当于"您""先生""老师"等意;"恶"读音 wū,语气词,与"乎"差不多,可单用,也可连用,此处是连用;"长"指长处、特长、本事的意思。所以顿挫停连应极其注意,应为"敢问/夫/子/恶乎/长?"由于是公孙丑作为弟子向孟子求教,或可说是"对话",弟子处于下位,所以用"敢问"一类的字句,与前面梁惠王作为一国之君与孟子是平位的对话身份不一样,所以诵读时应注意"学生""弟子"的谦虚、卑微的口吻,不可太冲太强。而居于上位的"先生""师长"的回答,就完全应该是高屋建瓴式、一言九鼎式的,底气足,有些"教导"的意味。孟子所说的"气"只有配以"义与道",才能成为"浩然之气"。"义与道"在句中并非处于明显之处,要想法将它们"提溜"起来,前后可设停顿和气口,加以发力强调。

天时/不如/地利,/地利/不如/人和。//三里之城,/七里之郭,/环而攻之/而/不胜。/夫(fú)/环而攻之,/必有/得天时者矣;/然而/不胜者,/是天时不如地利也。//城/非/不高也,/池/非/不深也,/兵革/非/不坚利也,/米粟(sù)/非/不多也;/委而去之,/是/地利不如人和也。//故曰:/域民/不以封疆之界,/固国/不以山溪之险,/威天下/不以兵革之利。//得道者/多助,/失道者/寡助。/寡助之至,/亲戚(qī)畔之;/多助之至,/天下顺之。/以天下之所顺,/攻亲戚之所畔,///故/君子有不战,/战/必胜矣。(《公孙丑下·天时不如地利》)

【注释】1. 天时、地利、人和:《荀子·王霸篇》所指的"天时"指农时,"地利"指土壤肥沃,"人和"是指人的分工。而孟子在这里所说的"天时"是指作战的时机、气候等,"地利"是指山川险要、城池坚固等,"人和"指的是人心所向等。2. 三里之城,七里之郭:古时内城叫"城",外城叫"郭",内外城比例一般是三里之城,七里之郭。3. 池:护城河。4. 兵:武器,指戈矛刀箭等攻击性武器。5. 革:皮革,指甲胄。古代甲胄多是皮革做的,也有用铜铁做的。6. 委:弃。7. 域民:限制、统治人民。域,本指界限。8. 畔:同"叛"。9. 有:或、要么。

【串译】有利的时机和气候不如有利的地势,有利的地势不如人的齐心协力。一个三里内、七里外的小城,四面围攻都不能破。但四面围攻总有遇到好时机或好天气的时候,但人们还是攻不破,这说明有利的时机和气候不如有利的地势。另一种情况是,城墙不是不高,护城河不是不深,兵器和甲胄不是不锐利和坚固,粮草也不是不充足,但人们还是弃城而逃了,这就说明有利的地势不如人的齐心协力。所以说:百姓不是靠封锁边境线就可以限制住的,国家不是靠山川险阻就可以保住的,扬威天下也不是靠锐利的兵器和坚固的盾甲就可以做到的。拥有道义的人得到的帮助就多,失去道义的人得到的帮助就少。帮助的人少到极点时,连亲戚也会叛离;帮助的人多到极点时,全天下的人都会顺从。以全天下人都顺从的力量去攻打连亲戚都会叛离的人,要么不战,战则必然胜利。

【诵读提示】此篇是孟子论战之语,诵读时通篇要立足于"论",语言要规整、理性。全文共分四个层次,中心论点即篇首两句。在第一层次里,孟子提出三个概念:天时、地利、人和,并将这三者加以比较,层层推进。用两个"不如"强调"人和"的重要性。三者之间的比较,实质上是重在前者与后者的比较,强调指出各种客观及诸多因素在战争中都比不上人的主观条件及"人和"的因素,决定战争胜负的是人而不是物。在比较中立论,给人的印象极其深刻。两句的句式相同,诵读的语气十分肯定,斩钉截铁,不容置疑。第二、三层次连用两个论据进一步论证。第二层次选取攻战的例子阐明"天时不如地利"的道理。第三层次旨在说明即使在"地利"的情况下,有人却也弃城而逃,因为"地利"亦难比"人和"。这两个例子均是泛指,使论战具有普遍的意义和一定的说服力。诵读的口吻应为展开说明、娓娓讲解式的,论据是说明论点的,坚实有力的"说明"也是诵读者必须练就的语言表达样态。第四层次的作用是在前三层次论述的基础上进一步阐发,将论点的范围由战争推及治国,从而全面体现孟子的政治主张,语态呈"推而广之"。

居/天下/之/广居,立/天下/之/正位,行/天下/之/大道。//得志,与民由之;不/得志,独/行其道。//富贵/不能淫,贫贱/不能移,威武不能屈。//此之/谓/大丈夫。(《滕文公下·富贵不能淫》)

【串译】居住在天下最宽广的居所里,站立在天下最正大的位置上,行走在天下最广阔的大道上,能实现志向就与民众一起去实现,不能实现志向就独自固守自己的原则,不受富贵诱惑,不为贫贱动摇,不为武力屈服,这才叫大丈夫。

【诵读提示】滕文公是战国时滕国的贤君,言论事迹多集中在《孟子·滕文公》上下篇里。滕文公非常注重治国之道,出使楚国时,得知孟子在宋国,便在回国途中至宋国两次向孟子请教治国的方略。此段的背景是:有个叫景春的人和孟子对话。景春认为战国时著名说客公孙衍和著名纵横家张仪能够"一怒而诸侯惧,安居而天下熄",是真正的大丈夫。孟子说,这些人"焉得为大丈夫"?接着提出了自己的见解,即大丈夫的标准。古人非常重视自己的名节,所以诵读孟子的这些大丈夫的行为标准时,视点要高,胸怀要广,口气要大。其速可慢,其腔可抻,其势可重,其调可高,其情可浓,应表现出大丈夫坚守节操、大义凛然、顶天立地的气魄来。

孟子曰:"鱼,/我所欲也,/熊掌,/亦我所欲也,/二者不可得兼,/舍鱼/而/取熊掌者也。//生,/亦我所欲也,/义,/亦我所欲也,/二者不可得兼,/舍生/而/取义者也。//生/亦我所欲,/所欲/有甚于生者,/故/不为苟(gǒu)得也;/死/亦我所恶(wù),/所恶/有甚于死者,/故/患/有所不辟(bì)也。"《告子上·鱼,我所欲也》

【注释】1.告子:战国时思想家,曾受教墨子之门,善口辩,讲仁义,后与孟子论人性问题,其言论见《孟子·告子》篇。2.欲:欲望,想要的。3.苟得:苟且取得,这里指的是"苟且偷生"的意思。4.患:祸患、灾难。5.辟:通"避",躲避。

【串译】孟子说:"鱼是我所喜爱的,熊掌也是我所喜爱的,两样不可能同时得到,就舍弃鱼而取熊掌。生存是我所喜爱的,义也是我所喜爱的,两样不能同时兼顾,就放弃生存而取义。生存是我所喜爱的,但所喜爱的有超过生存的,所以不做苟且偷生的事;死亡是我所憎恶的,但我所憎恶的有超过死亡的,所以有些祸患我并不躲避。"

【诵读提示】此段为三段论,分别论及鱼和熊掌的矛盾及取舍,生和义的矛盾及取舍,生和死的矛盾及取舍。前两段的诵读应平行摆开,顺序有先后,但语态基本一致。"舍鱼而取熊掌者也"和"舍生而取义者也"都是重点强调的,"熊掌"和"义"乃句子的高点,"者也"下滑拉平,轻轻一带就行。第三段在结构安排上略为复杂些,"所欲""所恶"都甚于"所生""所死",虽然文中没有直接点明,应该是德行、气节之类的,行腔吐字中如果能自然带出这些意思来,就再好不过了。结尾"故患有所不辟也",语气中带有些许坦然和镇定。

舜/发于/畎(quǎn)亩之中,/傅说(yuè)/举于/版筑之中,/胶鬲(gé)/举于/鱼盐之中,/管夷吾/举于/士,/孙叔敖/举于/海,/百里奚/举于/市。//故/天/将/降大任于是人也,/必先/苦其心志,/劳其筋骨,/饿其体肤,/空乏其身,/行/拂乱/其所为,/所以/动心忍性,/曾(zēng)益/其所不能。//人恒过,/然后能改;/困于心,/衡于虑,/而后作;/征于色,/发于声,/而后喻。//入则/无/法家拂(bì)士,/出则/无/敌国外患者,/国恒亡。//然后/知/生于忧患,/而/死于安乐也。(《告子下·生于忧患,死于安乐》)

【注释】1.舜:三皇五帝之一,为四部落联盟首领,以受尧的"禅让"而称帝于天下。2.发:起,指被任用。3.畎亩:泛指田野。4.傅说:殷商时期卓越的政治家、军事家、思想家及建筑科学家。5.举:被举用,被选拔。6.胶鬲:商朝贤臣,起初贩卖鱼盐,周文王把他举荐给纣,后来辅佐周武王。7. 管夷吾:管仲,原为齐国公子纠的臣子。公子小白(齐桓公)和公子纠争夺权位。公子纠失败了,管仲作为罪人被押解回国。齐桓公知道他有才能,任用他为相。8. 举于士:指从狱官手里被释放并录用。士,狱官。9. 孙叔敖:春秋时楚国人,隐居海滨。楚庄王知道他有才能,用他为令尹。10. 市:集市,做买卖的地方。11. 降大任:下达重大责任或治理国家的责任。12. 苦:使动用法,使……痛苦。13. 劳:使……劳累。14. 饿:使动用法,使……经受饥饿(之苦)。15. 空乏:资源缺乏,即贫困,使……不顺。16. 拂:违背。17. 乱:扰乱,使……错乱。18. 动:使……惊动。19. 忍:使……坚韧。20. 曾:通"增",增加。21. 恒:常常。22. 过:过失。23. 衡:通"横",梗塞,指不顺。24. 作:奋起,指有所作为。25. 征于色:表现在脸上。26. 发于声:吟咏叹息之气发于声音。27. 而后喻:然后人们才了解他。28. 入:在里面,指国内。29. 法家:能坚持法度的大臣。30. 拂:通"弼",辅弼、辅佐。31. 敌国:势力、地位相等的国家。32. 国恒亡:国家常常要灭亡。恒,常常。

【串译】舜从田间劳动中成长起来,傅说从筑墙劳动中被选拔出来,胶鬲被选拔于鱼盐的买卖之中,管仲被提拔于囚犯的位置上,孙叔敖在海边被发现,百里奚在市场上被赎回。所以,上天将要把重大使命降落到某人身上,一定要先使他的意志受到磨炼,使他的筋骨受到劳累,使他的身体忍饥挨饿,使他备受穷困之苦,让他做事总是不能顺利。这样来磨炼他的心志,坚强他的性情,增长他的才能。人总是要经常犯错误,然后才能改正错误;心气郁结,殚精竭虑,然后才能奋发而起;显露在脸色上,表达在声音中,然后才能被人了解。一个国家,国内没有守法的大臣和辅佐的贤士,国外没有势力相当的国家的忧患,往往容易灭亡。由此可以知道,有忧患可以使人生存,安逸享乐足以使人败亡。

【诵读提示】此文采用列举历史事例和阐述道理相结合的方法，层层深入地论证了"生于忧患，死于安乐"的观点。可分为三部分。第一部分以排比句式，用了六个"于"字来概括列举历史上六位名人的事例，有力地论证了"生于忧患"的观点。诵读时六个历史人物的交代只是"由头"，内势上应将其勾连起来，外态上将名字和"发举之地"稍作染饰，可增强下面论点的说服力。第二部分是核心段，从正反两方面论证经受艰苦磨炼的必要性，说明人处于困境能激发斗志，而处于安逸之中则会使人丧失斗志。写法上，采用了排比的修辞方式，六个"其"字表明了"上天"为了磨炼、锻造可以担当大任的一代圣君或一代贤臣的良苦用心，也使文章读来气势逼人，具有无可辩驳的力量。诵读语态中对此要有所表现，最好能一口气贯达到句末，走气平稳、沉实，强弱急缓幅度不宜过大。最后部分则从个人经受磨难的作用谈起，讲到一个国家如果太平太顺，在这虚假的太平表象下就会使整个国家放松警惕，一旦遇到内忧外患便会顷刻间土崩瓦解，走向灭亡。这种以点带面、从小到大的写法堪称经典，使人读来欲罢不能、欲忘不得，给人以深刻的启示。"生于忧患，死于安乐"的结论在结尾处，还是应放慢节奏，以"点诵"处之。

士/穷不失义，/达不离道。//穷不失义，/故/士得己焉；/达不离道，/故/民不失望焉。//古之人，/得志，/泽加于民；/不得志，/修身见（xiàn）于世。//穷/则/独善其身，/达/则/兼善天下。（《尽心上·穷则独善其身》）

【注释】1. 尽心：竭尽心力，激励人奋发向上有所作为。2. 得己：即自得。3. 见：同"现"。

【串译】士人穷困时不失去仁义，显达时不背离道德。穷困时不失去仁义，所以安详自得；显达时不背离道德，所以老百姓不失望。古代的人，得志时，恩惠施于百姓；不得志时，修养自身以显现于世。不得志时就洁身自好修养个人品德，得志时就使天下都能这样。

【诵读提示】"士"之所为，最高境界即是此段所述。"穷""达""得""失"四种境况了然自得。此文可分四个小层次处理：第一，"士穷不失义，达不离道"，是在规范之内的表述，诵读也应有所阈限，不要"破格"。第二，具体解释"士穷不失义，达不离道"的意思，赋予更多的内容，是第一句的延伸。第三小层次借古励今。第四小层次应为核心句，将整段意思凝结成"穷则独善其身，达则兼济天下"12个字。诵读的语气也应加重，色彩加深，口控收紧，气强声厉，循序渐进地逐层使情绪达到顶端。

君子／有／三乐，／而／王（wàng）天下／不与存焉。／／父母俱存，／兄弟无故，／一乐也；／仰／不愧于天，／俯／不怍（zuò）于人，／二乐也；／得天下英才／而／教育之，／三乐也。（《尽心上・君子有三乐》）

【串译】君子有三大快乐，以德服天下不在其中。父母健在，兄弟平安，这是第一大快乐；上不愧于天，下不愧于人，这是第二大快乐；得到天下优秀的人才进行教育，这是第三大快乐。

【诵读提示】君子三乐，第一乐取决于天意，第三乐取决于他人，只有第二种快乐才完全取决于自身。因此，我们努力争取的也是这第二种快乐。俯仰无愧,君子本色,君子之乐,莫过于此。诵读此三乐,应在"父母俱存,兄弟无故""仰不愧于天,俯不怍于人""得天下英才而教育之"字句上重点点化,"一""二""三"递进,应一层比一层有深度,有力度,有强度。

知识链接

孟子:(约前372—前289),名轲,邹人,孔子之孙孔伋的再传弟子。战国时期思想家、教育家、散文家、政治家,儒家代表人物之一。孟子生活的时代,百家争鸣,孟子站在儒家立场对其他学说加以激烈抨击。孟子师承子思,继承和发展了孔子的思想,提出了一套完整的思想体系。孟子周游齐、晋、宋、薛、鲁、滕、梁列国,游说他的"仁政"和"王道"思想。但由于当时诸侯各国忙于战争,他的学说几乎无人采纳,归而与弟子讲学著书。孟子思想对后世影响很大,但宋代以前地位并不高,自韩愈的《原道》将孟子列为先秦儒家中唯一继承孔子"道统"的人物,才出现了一个孟子"升格"运动。宋神宗熙宁四年,《孟子》首次被列为科举考试科目之一,之后升格为儒家经典。南宋朱熹将其与《论语》《大学》《中庸》合为"四书"。元朝时孟子被加封为"亚圣公",地位仅次于孔子,其思想与孔子思想合称为"孔孟之道"。

《孟子》是记录孟子及其学生言行的一部著作,儒家重要经典之一。成书在战国中期。今天所见的《孟子》七篇,每篇分为上下,约35 000字,一共260章。具体篇目有:(一)《梁惠王》上、下;(二)《公孙丑》上、下;(三)《滕文公》上、下;(四)《离娄》上、下;(五)《万章》上、下;(六)《告子》上、下;(七)《尽心》

上、下。《孟子》体裁与《论语》大致相似,也是以记言为主的语录体散文,但比《论语》有明显发展。《论语》文字简约、含蓄,《孟子》却有长篇大论,气势磅礴,议论尖锐、机智而雄辩;《论语》给人的感觉是仁者的谆谆告诫,《孟子》给人的感觉则是侃侃而谈。

(二)

重点、难点:语录体、叙述记事体散文的语态、节奏等诵读技巧。

庄子(四则)

北冥(míng)/有鱼,/其名为/鲲(kūn)。/鲲之大,/不知/其/几千里也;/化而为鸟,/其名为/鹏。鹏之背,/不知/其/几千里也;/怒而飞,/其/翼/若垂天之云。/是鸟也,/海运/则/将/徙(xǐ)于/南冥。//南冥者,/天池也。/《齐谐》者,/志怪者也。/谐/之言曰:/"鹏/之徙于/南冥也,/水击/三千里,/抟(tuán)/扶摇而上者/九万里,/去以/六月息者也。"//野马也,/尘埃也,/生物之/以/息相吹也。/天之苍苍,/其正色邪(yé)?/其远/而/无所至极邪?/其视下也,/

亦/若是则已矣。//且夫(fú)/水之积也/不厚,/则/其/负大舟也/无力。/覆/杯水于坳(ào)堂之上,/则/芥为之舟;/置杯焉则胶,/水浅/而/舟大也。/风之积也/不厚,则/其/负大翼也/无力,/故九万里/则/风/斯在下矣。/而后乃今培(píng)风,/背负青天/而/莫之夭阏(è)者,/而后/乃/今将图南。//蜩(tiáo)与学鸠(jiū)/笑之曰:"我/决(xuè)起而飞,/抢(qiāng)榆枋(fāng),/时则不至,/而控于地/而已矣;/奚以之九万里而南为?"//适莽苍者,/三飡(cān)而反,/腹犹果然;/适百里者,/宿(xiǔ)舂(chōng)粮;/适千里者,/三月聚粮。/之/二虫/又何知?/小知(zhì)/不及/大知,/小年/不及/大年。/奚/以知其然也?/朝(zhāo)菌/不知/晦(huì)朔,/蟪(huì)蛄(gū)/不知/春秋,/此/小年也。//楚之南/有/冥灵者,/以/五百岁/为春,/五百岁/为秋;//上古/有/大椿(chūn)者,/以/八千岁/为春,/八千岁/为秋。//而彭祖/乃/今以/久特/闻,/众人/匹之,/不亦悲乎?(《逍遥游·北冥有鱼》)

【注释】1.冥:亦作"溟",意为"海"。"北冥",就是北方的大海,下文的"南冥"仿此。传说北海无边无际,水深而黑。2.鲲:大鱼之名。3.鹏:大鸟之名。4.怒:奋起。5.垂:边远,这个意义后来写作"陲"。6.海运:海水运动,这里指汹涌的海涛。7.天池:天然的大池。8.齐谐:书名。一说人名。9.志:记载。10.击:拍打,这里指鹏鸟奋飞而起,双翼拍打水面。11.抟:环绕而上。一说当"搏"讲,拍击的意思。12.扶摇:暴风由地面急剧盘旋而上。13. 去：离，指离开北海。14. 息：停歇。15. 野马：春天林泽中的雾气浮动状如奔马，故名"野马"。16. 尘埃：扬在空中的土叫"尘"，细碎的尘粒叫"埃"。17. 息：指有生命的东西呼吸所产生的气息。18. 极：尽。19. 覆：倾倒。20. 坳：坑凹处，"坳堂"指厅堂地面上的坑凹处。21. 芥：小草。22. 斯：则、就。23. 而后乃今：意思是这之后方才。24. 培：通作"凭"，凭借。25. 莫：没有什么力量。26. 夭阏：又写作"夭遏"，意思是遏阻、阻拦。"莫之夭阏"即"莫夭阏之"的倒装。27. 蜩：蝉。28. 学鸠：一种小灰雀，泛指小鸟。29. 决：通作"趹"，迅疾的样子。30. 抢：突过。31. 控：投下、落下来。32. 奚以：何以。33. 之：去……到……34. 为：句末疑问语气词。35. 适：往。36. 莽苍：指迷茫，看不真切的郊野。37. 飡：同"餐"。38. 反：返回。39 犹：还。40. 果然：饱的样子。41. 宿：指一夜。42. 之：这。43. 二虫：指蜩与学鸠。44. 知：通"智"，智慧。45. 朝：清晨。46. 晦朔：一个月的最后一天和最初一天。一说"晦"指黑夜，"朔"指清晨。47. 蟪蛄：即寒蝉，春生复死或复生秋死。48. 冥灵：传说中的大龟。49. 大椿：传说中的古树名。50. 彭祖：古代传说中年寿最长的人。51. 乃今：而今。52. 以：凭。53. 特：独。54. 闻：闻名于世。55. 匹：配、比。

【串译】北方大海里有一条鱼，名字叫作鲲。鲲的体积真不知道大到几千里；变化成为鸟，名字就叫鹏。鹏的脊背真不知道长到几千里；当它奋起而飞的时候，那展开的双翅就像天边的云。这只鹏鸟随着海上汹涌的波涛迁徙到南方的大海。南方的大海是个天然大池。《齐谐》是一部专门记载怪异事情的书。这本书上记载说："鹏鸟迁徙到南方大海，翅膀拍击水面激起三千里波涛，海面上急骤的狂风盘旋而上直冲九万里高空，离开北方大海用了六个月时间方才停歇下来。"春日林泽原野上蒸腾浮动犹如奔马的雾气,低空里沸沸扬扬的尘埃都是大自然里各种生物的气息吹拂所致。天空湛蓝湛蓝的,难道这就是它真正的颜色吗?抑或是高旷辽远没法看到它的尽头呢?鹏鸟在高空往下看,不过也就像这个样子罢了。再说水汇积不深,它浮载大船就没有力量。倒杯水在厅堂的低洼处,那么小小的芥草也可以给它当作船;而搁置杯子就粘住不动了,因为水太浅而船太大了。风聚积的力量不雄厚,它托负巨大的翅膀便力量不够。所以,鹏鸟高飞九万里,狂风就在它的身下,然后方才凭借风力飞行,背负青天而没有什么力量能够阻遏它了,然后才像现在这样飞到南方去。寒蝉与小灰雀讥笑它说:"我从地面急速起飞,碰着榆树和檀树的树枝,常常飞不到目的地而落在地上,为什么要到九万里高空而向南飞呢?"到迷茫的郊野去,带上三餐就可以往返,肚子还是饱饱的;到百里之外去,要用一整夜时间准备干粮;到千里之外去,三个月以前就要准备粮食。寒蝉和灰雀这两个小东西懂得什么!小聪明赶不上大智慧,寿命短比不上寿命长。怎么知道是这样的呢?清晨的菌类不会懂得什么是晦朔,寒蝉也不会懂得什么是春秋,这就是短寿。楚国南边有叫冥灵的大龟,它把五百年当作春,把五百年当作秋;上古有叫大椿的古树,它把八千年当作春,把八千年当作秋,这就是长寿。彭祖到如今还是以年寿长久而闻名于世,人们与他攀比,岂不可悲可叹吗?

【诵读提示】本则是《庄子》代表篇目之一,充满奇特的想象和浪漫色彩,寓说理于寓言和生动的比喻中,形成独特的风格。"逍遥"意思是优游自得的样子;"逍遥游"就是没有任何束缚地、自由自在地活动,这也是庄子哲学思想的一个重要方面。全篇一再阐述无所依凭的主张,追求精神世界的绝对自由。在庄子眼里,客观现实中的一事一物包括人类本身都是对立而又相互依存的,这就没有绝对的自由,要想无所依凭,就得"无己"。因而他希望一切顺乎自然,超脱于现实,提倡不滞于物,追求无条件的精神自由。

诵读这篇文章必须紧紧抓住庄子精神世界的特点,以奇特的想象和浪漫色彩,寓说理于寓言和生动的比喻之中。前面的北海鲲鹏迁徙南海、激起三千里波涛、盘旋而上直冲九万里、寒蝉与灰雀的讥笑等都是叙述和描写,可以尽情发挥诵读者的想象力去描绘,要有形象感,语气、节奏可以有所夸张。但自"之二虫又何知?"起,转入说理和议论,从"小聪明赶不上大智慧"到"不亦悲乎?"是对二小虫的蔑视和斥责。其中的"黑灵""大椿""彭祖"都是说理的例证,论证的都是"寿命短比不上寿命长"的道理。口气应迅速从描述状态转入议论状态。

昔者/庄周/梦为胡蝶,/栩(xǔ)栩然/胡蝶/也。/自喻(yú)/适志/与(yú)!/不知/周/也。//俄然/觉(jué),/则/蘧(qú)蘧然/周/也。//不知/周之梦为胡蝶/与(yú)?/胡蝶之梦为周/与(yú)?//周与胡蝶,/则/必有分/矣。/此之谓/物化。(《齐物论·庄周梦为胡蝶》)

【注释】1.胡蝶:蝴蝶,亦作蜩蝶。2.栩栩然:欣然自得的样子。3.喻:通作"愉",愉快。4.适志:合乎心意,心情愉快。5.俄然:突然。6.蘧蘧然:惊惶的样子。7.物化:物我界限消解,万物融合为一。

【串译】庄周曾经梦见自己变成蝴蝶,欣然自得地飞舞着的一只蝴蝶。感到自己是多么愉快和惬意啊!不知道自己原本是庄周。突然间醒来,惊惶不定之间方知原来我是庄周。不知是庄周梦中变成蝴蝶了呢,还是蝴蝶梦见自己变成庄周了呢?庄周与蝴蝶必定是有区别的。这就可叫作物我界限消解,万物融合为一。

【诵读提示】李商隐有诗云:"庄生晓梦迷蝴蝶",说的就是庄子梦为蝴蝶的故事。此文表现层落有三,即三个"转折":其一,"昔者"二字拖长,回忆语态。庄子做梦变成蝴蝶,很是欣娱,不知自己是庄子,以为真的变成蝴蝶了。舒缓平叙口气为主,表现出"幻境"色彩。其二,突然睡醒,惊惶之间方知原来是我庄子在做梦啊。"惊惶"语态,心境逐渐平息。其三自"不知周之梦为胡蝶与?"至"此之谓物化",口气转为议论和评述。庄子的结论是世间万物与人都有联系,但又都有所区别,物我的交合与变化才是最高境界。结论的诵读要给足分量,气控、口控都要紧些,语势下行,自信肯定。

庄子/与/惠子/游于濠(háo)梁之上。//庄子曰:/"儵(tiáo)鱼/出游从容,/是/鱼之乐/也。"//惠子曰:/"子/非/鱼,/安知/鱼之乐?"//庄子曰:/"子/非/我,/安知/我/不知/鱼之乐?"//惠子曰:/"我/非/子,/固/不知/子矣;/子/固/非鱼也,/子/之/不知鱼之乐,/全矣!"//庄子曰:/"请/循其本。/子曰'汝安知鱼乐'云者,/既/已知/吾知之/而问我。//我/知之/濠上/也。"(《秋水·子非鱼,安知鱼之乐》)

【串译】庄子和朋友惠子一道在濠水桥上游玩。庄子说:"你看那白儵鱼游得多么悠闲自在,这就是鱼儿的快乐啊。"惠子说:"你不是鱼,怎么知道鱼儿的快乐?"庄子说:"你不是我,怎么知道我不知道鱼儿的快乐?"惠子说:"我不是你,固然不知道你;你也不是鱼,你不知道鱼的快乐,也是完全可以肯定的。"庄子说:"还是让我们顺着先前的话来说。你刚才所说的'你怎么知道鱼的快乐'的话,就是已经知道了我知道鱼儿的快乐而问我,而我则是在濠水的桥上知道鱼儿快乐的。"

【诵读提示】关于"鱼之乐"的话题,牵扯到辩论的技巧。此段中庄子用了"偷换概念"的方法,以子之矛,攻子之盾,结果使惠子败阵。一般来说,辩论首先要提出问题。惠子身为天下著名辩士,率先发难:"子非鱼,安知鱼之乐?"矛之尖锐,子、鱼怎相知也? 庄子乃轻轻将盾牌一拨,矛头回指惠子:"子非我,安知我不知鱼之乐?"惠子见矛头回指,只好举起盾牌:"我非子,固不知子矣;子固非鱼也,子之不知鱼之乐,全矣!"承认子、鱼不相知,同时你我不相知也。至此,庄子正式调戏了一下惠子:"请循其本。"这里事实上涉及一个逻辑的根本问题,那就是无关联者不发生逻辑关系。惠子希望采用类推的方式从自己对庄子的不了解推及到庄子对鱼的不了解上,却忽略了自己在对庄子说"安知鱼之乐"的时候已经与庄子建立起了判断关系,这种判断关系无论是肯定的还是否定的都已经动摇了后面"我非子,固不知子矣"这个基础。这样惠子就陷入了由自身知见限制所产生的悖论中,要么承认我非子却可知,那么庄子知鱼也并不稀奇了;要么承认"我非子,固不知子矣;子固非鱼也,子之不知鱼之乐,全矣!"是没有基础的,那么自己就被隔离于庄子的系统之外与之无法建立逻辑关系,根本无法判定庄子是不是知鱼之乐,从而无从否定庄子鱼乐的判断。因此我们说庄子看似诡辩的回答正好触及了逻辑的基础,只是思维跨度稍大不易理解而已。结尾的"我知之濠上也"是全文的结点,到此,才使人明白了其中的玄机。智慧无穷的庄子将朋友惠子挤进"死胡同",然后最终还是伸出援手将其拉了出来。诵读此段应充分表现出庄子辩论的高度智慧。

夫(fú)/以利合者,/迫/穷祸患害/相弃也。/以/天属者,/迫/穷祸患害/相收也。//夫/相收之与相弃/亦远矣。/且/君子之交/淡若水,/小人之交/甘若醴(lǐ);/君子/淡/以亲,/小人/甘/以绝。//彼/无故以合者,/则/无故以离。(《山木·君子之交淡若水》)

【串译】以利益相合的,遇上困厄、灾祸、忧患和伤害就会相互抛弃。以天性相连的,遇上困厄、灾祸、忧患和伤害就会相互包容。相互包容与相互抛弃差别也就太远了。而且君子之间的交谊淡得像清水一样,小人之间的交情甜得像甜酒一样;君子淡泊却心地亲近,小人甘甜却利断义绝。那些无缘无故而接近相合的,也会无缘无故地离散。

【诵读提示】诵读时可将全文切分成两个层次。前一层次,开句至"相收之与相弃亦远矣"。说的是"以利合者"与"以天属者"两者的境况。"利"和"天","相弃"和"相收"当为"意眼",是应加重强调的。后一层次,强调的是"君子之交"与"小人之交"、"淡若水"与"甘若醴"、"亲"与"绝"、"合"与"离"的必然结果。语速中等,语势中强,论述力度适中,语句筋骨于中部。"君子之交淡若水,小人之交甘若醴"构成收上冒下的关节点,也是文中"意魂",当给予足够的情感浓度和分量,将这两句"提溜"起来了,观点也就站稳了。"君子之交淡若水",是中国人长期以来推崇的理想的交友境界,甚至奉为交友的准则,它诠释了与人交往的一种常理。"淡"是生活的味道,如平静之水,真正的朋友之间能有和气、快乐、珍惜、信任,像水一样清澈透明的友谊足矣。

> **知识链接**
>
> 庄子:(约前369—前286),名周,战国时宋国人。著名思想家、哲学家、文学家,老子哲学思想的继承者和发展者,先秦庄子学派的创始人。其学说涵盖当时社会生活的方方面面,但根本精神还是归依于老子的哲学,后世将其与老子并称"老庄"。庄子还是杰出的文学家,后人在思想、文学风格、文章体制、写作技巧等方面深受《庄子》影响,例如阮籍、陶渊明、李白、苏轼、辛弃疾、曹雪芹等。
>
> 《庄子》共三十三篇,分"内篇""外篇""杂篇"三部分。一般认为,"内篇"七篇文字是庄子所写;"外篇"十五篇是庄子弟子们所写,或者说是庄子与他的弟子合写;"杂篇"十一篇应是庄子学派或者后来学者所写。《庄子》文字的汪洋恣肆、意象的雄浑飞越、想象的奇特丰富、情致的滋润旷达,都给人以超凡脱俗与崇高美妙的感受,在中国文学史上独树一帜。《庄子》的文章体制已脱离语录体,标志着先秦散文发展到成熟阶段,代表了先秦散文的最高成就。

孙子兵法(九则)

孙子曰:/兵者,/国/之/大事,/死生/之/地,/存亡/之/道,//不可/不察/也。(《计篇》)

【注释】1.兵:本指兵器、军械、兵卒、军队等,此处指战争。2.不可不察:不能不深入考察、研究。

【串译】孙子说:战争是国家的大事,关系到军民的生死,国家的存亡,是不能不认真研究、不慎重考虑的。

兵/者,/诡道/也。//故/能/而/示之不能,/用/而/示之不用,/近/而/示之远,/远/而/示之近;/利/而/诱之,/乱/而/取之,/实/而/备之,/强/而/避之,/怒/而/挠之,/卑/而/骄之,/佚(yì)/而/劳之,/亲/而/离之。//攻/其/无备,/出/其/不意。//此/兵家/之/胜,/不可/先传/也。(《计篇》)

【注释】1.诡道:欺诈、多变的方式。2.乱而取之:趁敌人处于混乱状态,要乘机进攻。3.实而备之:敌具实力,则需严加戒备。4.怒而挠之:怒,士气旺盛。挠,扰之意。5.亲而离之:离,离间。6.不可先传:克敌制胜的奥秘不可事先讲明。

【串译】用兵是一种诡诈的行为。所以,能打,装做不能打;要打,装做不打;要向近处,装做向远处;要向远处,装做向近处。给敌人以小利去引诱它;迫使敌人混乱,然后攻取它。敌人力量充实,就要防备它;敌人兵力强大,就要避免战斗。用挑逗的方法去激怒敌人,使其失去理智;用谦卑的言辞表示自己弱小,使敌人骄傲。敌人休整得好,要搅得它不安,使其疲劳;敌人内部和睦,要设法离间它。攻击敌人没有准备的地方,采取出乎敌人意料的行动。这是军事家指挥的奥妙,是不能事先规定好的。

故/用兵/之/法,/十/则/围 之,/五/则/攻 之,/

倍/则/分之,/敌/则/能战之,/少/则/能逃之,/不若/则/能避之。//故/小/敌/之/坚,/大/敌/之/擒也。(《谋攻篇》)

【注释】1.十:十倍于敌,占绝对优势,并非一定为十倍。2.倍则分之:倍,比敌人多一倍。3.逃:与下文"避"异文同义,指主动地采取不与敌争锋的办法,并非消极地逃跑。4.小敌之坚,大敌之擒:之,为"若"义。此句言只知固执硬拼的小敌,必为大敌所擒。"坚",固执、硬拼。

【串译】所以用兵的法则应当是:有十倍于敌的兵力就包围敌人,有五倍于敌的兵力就进攻敌人,有一倍于敌的兵力就要设法分散敌人,有与敌人相等的兵力就要善于抗击敌人。兵力比敌人少就要退却,实力比敌人弱就要避免战斗。所以弱小的军队如果固执地坚守,就会成为强大敌人的俘虏。

故曰:/知彼知己者,/百战不殆(dài);/不知彼/而知己,/一胜/一负;/不知彼,/不知己,/每战/必/殆。(《谋攻篇》)

【注释】殆:危。百战不殆,言每战必胜而无危险。
【串译】所以说,了解敌人同时又了解自己的人,每战都不会有危险;不了解敌人而了解自己,胜败的可能性各半;不了解敌人又不了解自己,那就每战必败了。

孙子曰:/昔/之/善战者,/先为/不可胜,/以/待/敌之可胜。//不可胜/在己,/可胜/在敌。//故/善战

者,/能/为/不可胜,/不能/使敌之可胜。//故曰:/胜/可知,/而/不可为。(《军形篇》)

【串译】孙子说:从前会打仗的人,先要造成不会被敌人战胜的条件,来等待可以战胜敌人的机会。不会被敌人战胜,这结果掌握在我军手中,可不可能战胜敌人,在于敌人是否犯错误。所以会打仗的人,能够做到即使我们不一定战胜敌人,但也不会被敌人战胜。因此,胜利可以预见,但不可强求。

不可胜/者,/守也;/可胜/者,/攻也。/守则不足,攻则有余。//善守者,/藏/于/九地之下。/善攻者,/动/于九天之上。//故/能自保/而全胜也。(《军形篇》)

【串译】使敌人不能胜我,属于防守方面的事;使我可以胜敌,属于进攻方面的事。采取防守是由于兵力不足;采取进攻是由于兵力有余。善于防守的人,深深地隐藏自己的兵力如同在深不可测的地下;善于进攻的人,高度发挥自己的力量,就像从天而降,迅捷异常。这样才能保全自己而取得胜利。

夫(fú)/兵形象水。//水之形,/避高/而/趋下;/兵之形,/避实/而/击虚。/水/因地/而/制流,/兵/因敌/而/制胜。//故/兵无常势,/水无常形,/能/因敌变化/而/取胜者,/谓之神。//故/五行/无常胜,/四时/无常位,/日/有/短长,/月/有/死生。(《虚实篇》)

【注释】1. 兵形象水：兵之形势如水流，无常态。此言用兵规律如水的运动规律一样。2. 神：高明。3. 五行无常胜：五行，金、木、水、火、土。此句言五行相生相克变化无定数，如用兵策略奇妙莫测。4. 四时无常位：此言四季推移代谢，永无休止。5. 月有死生：月有朔望圆亏的变化。

【串译】用兵作战方式有点像水。水运动的规律是避开高处而向下奔流，作战的规律是避开敌人坚实的地方而攻击敌人的弱点。地形制约着水奔流的方向，作战则根据敌情而决定取胜的方针。所以作战没有固定的方式，就像水没有固定的形态一样，能根据敌情变化而取胜的，就叫用兵如神。所以用兵规律就像自然现象一样，金、木、水、火、土互生互制，春夏秋冬四季交替，昼有长短，月有圆缺，永远处于变化之中。

故/善用兵者,/避/其/锐气,/击其/惰归,/此/治气/者也。//以治待乱,/以静待哗,/此/治心者也。//以近待远,/以佚待劳,/以饱待饥,/此/治力者也。//无邀/正正之旗,/勿击/堂堂之阵,/此/治变/者也。(《军争篇》)

【串译】所以善于用兵的人，会避开敌人的锐气，等待敌人松懈疲惫时再去打它，这是掌握军队士气的方法。用自己部队齐整的阵容，对付乱了阵脚的敌人，以静静等待对付喧哗的敌人，这是与敌人心理的较量。以自己部队靠近战场对付敌人的远道而来，以自己部队的安逸休整对付敌人的奔走疲劳，以自己部队的饱食对付敌人的饥饿，这是掌握军队战斗力的方法。不去拦击旗帜整齐、配备精良的敌人，不去攻击阵容堂皇、实力强大的敌人,这是掌握机动变化的方法。

夫(fú)/霸王(wàng)之兵,/伐大国,/则/其/众不得聚;/威/加于敌,/则/其/交不得合。//是故/不争/天下之交,/不养/天下之权,/信己之私,/威加于敌,//故/其城/可拔,/其国/可隳(huī)。(《九地篇》)

【串译】凡是霸王的军队,进攻大国,就能使敌方的民众和军队来不及动员集中;威力施加于敌人,就能使其不能同别国结交。因此不必要争着同哪一国结交,不必要随便培养哪一国的势力,只要施展自己的意图,把威力施加于敌人,就可以拔取敌人的城邑,毁灭敌人的国都。

【诵读提示】《孙子兵法》是在论"兵",个中既无描写,也无抒情,就只是一段段的叙述,但又非同一般性的叙述,而是高度凝练、高度概括的完备的军事思想体系和战略战术原则,系统地揭示了战争的客观规律。语言极为简洁、浓缩,又极为深到、精辟。它不似《论语》的娓娓叙事、循循告诫,也不像《孟子》那般语锋犀利的长篇议论,更非《庄子》的汪洋恣肆,充满了丰富的想象。诵读《孙子兵法》应在语态上"端"着点,语句表达的逻辑性、思辨性、严密性、规范性、严肃性都有别于先前的作品。诵读时想象"兵法"犹出己胸,语速偏于中慢,情绪起伏不用太大。"故""是故""故曰"等都是结论性的,必须加以强化。一则当中安排一个重点句或一个重点词即可,切勿重音过多,模糊句子主旨,让听者不知所云,无所适从。

知识链接

孙子,兵家,名武,后人尊称为孙子、孙武子,春秋末期齐国乐安(今广饶一带)人。祖父田书曾是齐国大夫,攻打莒国有功,齐景公赐"孙"为姓。前532年,齐国内乱,孙子到了吴国,在姑苏潜心研究兵法。经伍子胥七次推荐,被吴王任命为军师。此后孙子与伍子胥同辅吴王,安邦治国。前506年冬,吴伐楚。孙子采取"迂回奔袭、出奇制胜"战法,五战五胜,一举攻陷楚国国都郢,终使吴国崛起,成为春秋五霸之一。

《孙子兵法》两千多年前就提出了用兵的重要原则,是中国古代历史上影响最深远的军事论著,世界三大兵书之一(另外两部是《战争论》《五轮书》)。其内容博大精深,思想精邃富赡,逻辑缜密严谨,不仅在中国历史上产生重大影响,在国外也流传甚广,对其思想和体系多有研究与借鉴。《孙子兵法》还被广泛运用于企业管理、商品流通、内政外交、体育竞技、人际关系等社会生活领域。

《孙子兵法》共十三篇,虽每篇只讲一个问题,但十三篇却构成了一个有机的整体。

管子(一则)

仓廪(lǐn)/实/则/知/礼节,衣食/足/则/知/荣辱。(《牧民》)

【串译】国库充实了,百姓自然会懂得礼节;衣食无忧了,百姓自然会知道荣辱。

【诵读提示】一方面,"仓廪实""衣食足"是"知礼节""知荣辱"的基础,体现了物质对意识的决定作用或物质文明对精神文明的决定作用;另一方面,意识具有相对独立性,对物质具有能动作用,不同的人对同一事物的反应往往是不同的,"仓廪实"未必就能"知礼节","衣食足"也未必就能"知荣辱"。但在两千多年前,作者能有如此见地已经非常了不起了。诵读时,用肯定的语气平顺地读。

知识链接

管子:(前723年—前645年),名夷吾,春秋时齐国著名政治家、军事家。经鲍叔牙力荐为齐国上卿被称为"春秋第一相",辅佐齐桓公成为春秋时期第一霸主。管仲注重经济,反对空谈,主张改革以富国强兵,被齐桓公尊其为"仲父"。

管仲著作收入《国语·齐语》和《汉书·艺文志》,有《管子》一书传世。《管子》24卷,今存76篇,是研究我国先秦农业和经济的珍贵资料。

墨子(二则)

志不强者/智不达,/言不信者/行不果。//据财/不能以分人者,/不足与友;/守道不笃、/遍物不博、/辩是非不察者,/不足与游。(《修身》)

【串译】意志不坚的人智慧不会通达,不遵守信诺的人行动不会有结果。占有财富不能分给别人的,不足以交朋友;坚守道德不坚定、阅历事物不广泛、不能明察是非的人,不足以与其交游。

务言/而/缓行,/虽辩/必不听;/多力/而/伐功,/虽劳/必不图。//慧者/心辩/而/不繁说,/多力/而/不伐功。//此以/名誉/扬天下。(《修身》)

【串译】专注于言谈而行动迟缓,即使雄辩别人也不会听;出力多而夸耀自己的功劳,即使辛劳也不会达到目的。有智慧的人用心思考而不夸夸其谈,出力多而不夸耀功劳。因此名扬天下。

【诵读提示】《墨子》的思想以兼爱为核心,以节用、尚贤为支点,语言无锋利、尖刻之形。这两段谈的是君子的修养,因此诵读应以柔婉、敦厚的语调为主。无须过大过强的起伏和情感投入,把思路捋清,把意思表明即可。第一则"守道不笃、遍物不博、辩是非不察者"连接起来读,后安排气口顿挫。第二则"务"是"致力于"的意思,引申为"专注""在意";"伐"是"夸耀"的意思;"图"是"图取"的意思,引申为"达到目的"。

> **知识链接**
>
> 墨子:(约前468—前376),名翟,战国时著名思想家、教育家、科学家、军事家、社会活动家,墨家学派的创始人,并有《墨子》传世。《墨子》的主要内容有兼爱、非攻、尚贤、尚同、节用、节葬等十项。墨学在当时与儒学并称"显学"。墨子的生平活动一是广收弟子,积极宣传自己的学说,二是不遗余力地反对兼并战争。

列子(二则)

太行、王屋/二山,/方/七百里,/高/万仞,/本在/冀州之南,/河阳之北。//

北山/愚公者,/年且九十,/面山而居。//惩/山北之塞,/出入之迂(yū)也。//聚室/而/谋曰:"吾与汝/毕力平险,/指通豫南,/达于汉阴,/可乎?"/杂然相许。//其妻献疑曰:"以君之力,/曾/不能/损/魁父(fǔ)之丘,如太行王屋何?/且/焉置土石?"/杂曰:/"投诸/渤海之尾,/隐土之北。"//遂/率/子孙荷担者三/夫(fú),/叩石/垦壤,/箕(jī)畚(běn)/运于/渤海之尾。//

邻人/京城氏之孀(shuāng)妻/有遗男,/始龀(chèn),/跳往助之。//寒暑易节,/始一反焉。//

河曲/智叟/笑而止之,/曰:/"甚矣,/汝之不惠!/以/残年余力,/曾不能毁山之一毛,/其如土石何?"//北山愚公/长息曰:"汝心之固,/固不可彻,/曾不若/孀妻弱子。//虽我之死,/有子存焉。/子又生孙,/孙又生子;/子又有子,/子又有孙,/子子孙孙,/无穷匮也。/而山不加增,/何苦而不平?"//河曲智叟/亡(wú)以应。//

操蛇之神/闻之,/惧其不已也,/告之于帝。/帝感其诚,/命/夸娥氏二子/负二山,/一厝(cuò)朔东,/一厝雍南。//自此/冀之南,/汉之阴,/无陇断焉。

(《汤问·愚公移山》)

【注释】1.惩:惩罚,这里是"苦于"的意思。2.迂:迂回、曲折、绕道。3.汉阴:汉,汉水;阴,山北面或水南面。4.魁父:古代一座小山的名称,在河南陈留县境。5.荷:挑、扛。6.遗男:死了父母的男孩儿。7.龀:儿童乳齿脱落后重新长恒齿,约七八岁。8.惠:同"慧",智慧;不惠,就是愚蠢。9.一毛:一草一本。10.匮:缺乏。11.操蛇之神:手里拿着蛇的山神。12.夸娥氏:大力神。13.厝:安置。14.朔东:朔方以东,指山西东部。15.雍:雍州,在现今陕西、甘肃一带。16.陇:陇岗,高山。

【串译】太行、王屋两座大山,面积方圆约七百里,高达七八千丈,原来位于冀州南部、黄河北岸。

北山有个愚公,年近九十,住在两座大山对面。苦于山北面道路阻塞,进出都要绕路。于是召集全家商量说:"我和你们尽力挖平两座大山,使道路一直通到豫州南部,到达汉水南岸好吗?"大家纷纷赞同。他的妻子提出疑问说:"凭您的力量,连魁父这样的小山都不能削减,还能把太行、王屋怎么样?况且把土石放到哪里去呢?"大家纷纷说:"把土石扔到渤海边上、隐土的北面。"愚公于是就带领子孙中能挑担子的三个人,凿石头,挖泥土,用箕畚运送到渤海边上。邻居姓京城的寡妇有个孤儿,刚七八岁,蹦蹦跳跳地也去帮助他们。冬夏换季,才往返一次。

河曲智叟笑着阻止愚公说:"你太不聪明了!凭你余生剩下的力气,还不能毁掉山上的一根草,又能把泥土和石头怎么样?"北山愚公长叹一声说:"你思想顽固啊,顽固到不能改变的地步,还不如寡妇和弱小的孩子。即使我死了,还有儿子在呀;儿子又生孙子,孙子又生儿子;儿子又有儿子,儿子又有孙子;子子孙孙是没有穷尽的。可是山不会增高加大,还愁什么挖不平?"河曲智叟无话可答。

握着蛇的山神听说了这件事,怕愚公不停地挖下去,就向天帝报告了此事。天帝被愚公的诚心所感动,命令夸娥氏的两个儿子背走了两座山。从此,冀州的南部、汉水的南面,没有高山阻隔了。

【诵读提示】诵读《愚公移山》应两条线同时并进:第一条线是明线,要立足于讲故事,将故事的成因、脉络、发展、变化一一交代清楚,反映出愚公挖山不止的可贵精神。本篇的结构特点是开头段与结尾段均是叙述太行、王屋两山的山势、位置,不用作刻意设计,交代清楚即可。但从第二自然段开始,愚公的话、妻子的话、智叟的话、"杂曰"即大家的话,要尽量描出个性特征。二山之高、阻塞之重、难度之大构成第一层基本矛盾,智叟的阻挠和不屑,构成第二层人为矛盾,愚公对智叟的回话"虽我之死,有子存焉。子又生孙,孙又生子;子又有子,子又有孙,子子孙孙,无穷匮也。而山不加增,何苦而不平?"是整篇情节和情绪的高点,也是愚公精神的凝聚点,表达力度应为最大、最高、最强。

到"河曲智叟亡以应"可放平语势。最后一段煞尾就顺势缓行,天帝感诚,搬走二山,表现出皆大欢喜的结局。第二条线是暗线,从"北山愚公者"始。这条线就是一种态度、一种眼界、一种气脉、一种精神,一种人定胜天、锲而不舍的韧性和努力。有此暗线贯穿,才不至于表达出位。

伯牙/善鼓琴,/钟子期/善听。//伯牙鼓琴,/志在高山,/钟子期曰:/"善哉!/峨峨兮/若泰山!"//志在流水,/钟子期曰:/"善哉!/洋洋兮/若江河!"//伯牙所念,/钟子期必得之。//

伯牙/游于泰山之阴,/卒(cù)逢暴雨,/止于岩下,/心悲,/乃援琴而鼓之。//初为《霖雨》之操,/更(gēng)造《崩山》之音。//曲每奏,/钟子期/辄(zhé)/穷其趣。//伯牙/乃/舍琴/而叹曰:/"善哉,/善哉!/子/之/听夫(fú),/志/想象/犹/吾心也。//吾/于何/逃声哉?"(《汤问·高山流水》)

【串译】伯牙擅长弹奏琴弦,钟子期擅长听音辨意。伯牙凝志于高山,赋意于曲调之中,钟子期听后说:"好啊,巍巍峨峨,真像是一座高峻无比的山啊!"伯牙又沉志于流水,隐情于旋律之外,钟子期听后说:"妙啊,浩浩荡荡,就如同江河奔流一样啊!"伯牙心里所想的、乐曲旋律所寄托的,钟子期都能心领神会,得其妙处。

有一次,伯牙来到泰山(今汉阳龟山)北面游览时,突然遇到暴雨,滞留在岩石之下,心里寂寞忧伤,便拿出古琴弹了起来。

刚开始,弹奏反映连绵大雨的《霖雨》,接着又演奏山崩似的《崩山》。伯牙每奏一曲,钟子期就能完全听出它的意旨和情趣。于是伯牙放下琴,叹息说:"好啊!好啊!您理解乐曲的功夫实在太高明了,您所说的跟我心里想的真是完全一样。我的琴声怎能逃过您的耳朵呢?"

【诵读提示】传说先秦琴师伯牙一次在荒山野地弹琴,樵夫钟子期竟能领会这是在描绘"高山"和"流水"。伯牙惊曰:"善哉,子之心与吾同。"子期死后,伯牙痛失知音,摔琴断弦,终身不弹,故有"高山流水"之曲。后以此比喻知己或知音相赏。诵读时表现情节是一个方面,吐字行腔蕴涵音乐旋律的律动之态更为重要。以乐会友,觅得千古知音表现的是古人的高尚境界之美。因此诵读应带有"唱"的感受,可适当用"甩腔"处理。

知识链接

列子,名寇,又名御寇,战国前期道家人物,学于黄帝老子,主张清静无为。《列子》又名《冲虚经》,共八篇,内容多为民间故事、寓言和神话传说。

荀子(四则)

君子曰:/学/不可以/已(yǐ)。//青,/取之于蓝,而青于蓝;/冰,/水为之,而寒于水。//木直中(zhòng)绳,/𫐓(róu)以为轮,/其曲中规,/虽有(yòu)槁(gǎo)暴(pù),/不复挺者,/𫐓(róu)使之然也。//

故/木/受绳则直,/金/就砺(lì)则利,/君子博学/而/日/参(cān)省(xǐng)乎己,/则/知(zhì)明/而/行无过矣。//故/不登高山,/不知/天之高也;/不临深溪,/不知/地之厚也;/不闻先王之遗言,/不知/学问之大也。(《劝学》)

【注释】1.君子:有道德的人。2.已:停止、终止。3.蓝:蓼(liǎo)蓝,一年生草本植物,其叶经过发酵后可以提制深蓝色的有机染料靛蓝。4.輮:通"煣",用微火熏烤木料使之弯曲。5.有:通"又"。6.槁:通"熇",烤。7.暴:古"曝"字,晒。8.参:检查、检验。9.省:考察。10.知:通"智",智慧。

【串译】君子说:学习不可以故步自封而停止。靛青,是从蓼蓝中提取出来的,但比蓼蓝更青;冰,是水变成的,但比水更寒冷。木料笔直得合于墨线,但把它熏烤弯曲而做成车轮,弯曲度就与圆规画的相合,即使再烘烤暴晒,也不再伸直了,这是熏烤弯曲使它这样的啊。所以木料受到墨线的弹划校正才能取直,金属制成的刀剑在石上磨过才能锋利,君子广泛学习而又能每天检查省察自己,就会见识高明而行为没有过错了。所以不登上高山,就不知道天有多高;不面临深涧,就不知道地有多厚;不懂得先代帝王的遗教,就不知道学问的博大。

吾/尝(cháng)/终日而思矣,/不如/须臾(yú)之所学也。/吾尝/跂(qì)而望矣,/不如登高之博见也。//登高而招,/臂/非/加长也,/而/见者远;/顺风而呼,/声/非/加疾也,/而/闻者彰。/假(jiè)舆(yú)

马者,/非/利足也,/而/致千里;/假/舟楫(jí)者,/非/能水也,/而/绝江河。//君子/生(xìng)非异也,/善/假于物也。(《劝学》)

【注释】1.尝:曾经。2.跂:抬起脚后跟。3.疾:强。4.致:达到。5.假:凭借、借助。6.生:通"性",资质、禀赋。

【串译】我曾经整天思索,却不如片刻学到的知识多。我曾经踮起脚远望,却不如登到高处看得广阔。登到高处招手,手臂并没有加长,却可以看见很远的地方;顺着风呼喊,声音没有比原来增强,可是听的人却能听得很清楚。借助车马的人,并不是脚走得快,却可以行千里;借助船只的人,并不是能游水,却可以横渡江河。君子的本性跟一般人没什么不同,只是善于借助外物罢了。

积土成山,/风雨兴焉;/积水成渊,/蛟龙生焉;/积善成德,/而/神明自得,圣心备焉。//故/不积跬(kuǐ)步,/无以、至千里;/不积小流,/无以、成江海。//骐骥一跃,/不能十步;/驽(nǔ)马十驾,/功在不舍。/锲(qiè)而舍之,/朽木不折(shé);/锲而不舍,/金石可镂(lòu)。(《劝学》)

【注释】1.兴:起。2.渊:深水。3.蛟:一种龙。4.得:获得。5.跬:古代指半步,跨出一脚为"跬",跨两脚为"步"。6.无以:没有用来……的(办法)。7.骐骥:骏马。8.驽马十驾:劣马拉车连走十天。驽马,劣马。驾,马拉车一天所走的路程叫"一驾"。9.功在不舍:成功在于不停止。舍,停。10.锲:用刀雕刻。

11. 镂：原指在金属上雕刻，泛指雕刻。

【串译】堆积土石成了高山，风雨就从这儿兴起了；汇积水流成为深渊，蛟龙就从这儿产生了；积累善行养成高尚的品德，那么就会达高度的智慧，也就具有圣人的精神境界。所以不积累一步半步的行程，就没法达到千里之远；不积累细小的流水，就没法汇成江河大海。骏马一跃，也不足十步远；劣马拉车走十天，成功就在于不停地行走。如果镌刻停下来了，腐烂的木头也刻不断；如果不停地刻下去，那么金石也能雕刻成功。

【诵读提示】《劝学》是《荀子》的首篇。"劝"起统领全篇的作用，意为劝勉、鼓励。现代汉语中，"劝"被解释为"劝阻"，词义已经转移了。"劝学"就是勉励人们要坚持学习，只有这样才能增长知识，发挥才能，培养高尚的品德。这里选择《劝学》中的三则作为诵读的训练材料。

第一则，提出中心论点"学不可以已"，强调学习的重要性。接着具体论述学习可以提高、改变素质，使人智慧明达、言行无过。此段以朴素的唯物主义为理论基础，旁征博引，娓娓说理，反映了先秦儒家在教育方面的某些正确观点，也体现了作为先秦诸子思想集大成者的荀子文章的艺术风格。诵读时可将此段文字分为三层："君子曰：学不可以已"为第一层，开宗明义地敲定中心论点，给全段定下基调。第二层自"青，取之于蓝"始，至"则知明而行无过矣"，举例说明学习的重要性。第三层就是"故不登高山"至结尾，更深入一层地阐释学习的重要。第一层是论述，简洁精辟；第二层用五个比喻举例说明，诵读时要有形象感、动态感；第三层回到议论，以三句话的排比来加以强调，应正统、规范地表达。

第二则，开头用"终日而思矣，不如须臾之所学"阐说，接着就用"跂而望矣，不如登高之博见"形象地说明只有摆正"学"和

"思"的关系才能使学习产生显著效果。为了把道理说得更透辟,作者顺势而下,连用"登高而招""顺风而呼""假舆马""假舟楫"四个比喻,从见、闻、陆、水等方面说明在实际生活中借助外界条件的重要性,从而说明人借助学习就能弥补自己的不足,取得更显著的成效。最后得出结论,君子之所以能超越常人,并非先天素质与一般人有差异,而是靠后天的学习。中肯、诚切的诵读语态,容易使人信服并接受。

第三则论述学习应坚持不懈、专一不躁。此段仍运用比喻论证的方法,共用了"积土成山,风雨兴焉"等十个比喻。用比喻说理的写法,在其他先秦诸子散文中比较少见,应当说这是荀子的一种独创。诵读应用扎实的口控、匀称的气息、诚挚的语态加以表述。

《劝学》是一篇说理性很强的文字,驾驭不好很容易流于枯燥和单调,但此三段文字却形象清新、脍炙人口。原因就是在于这些文字把深奥的道理寓于浅显贴切的比喻之中,灵活自然、生动鲜明而无枯燥的学究气。其特色如下:1.层次井然,说理深入,结构严谨,代表了先秦论说文成熟阶段的水平。2.长短句并用,对偶排比句兼行,匀称而又错落有致,读来朗朗上口,富于音乐节奏美。当然,诵读此三段最大的障碍就是通假字较多,如"𫐓""有""暴""知""假""生"等。诵读前先扫清这些字面障碍,以求顺达。

君/者,/舟/也;/庶 人/者,/水/也。//水/则/载舟,/水/则/覆舟。(《王制》)

【串译】君王,好比是船;百姓,好比是水。水可以使船行驶,也可以使船淹没。

　　【诵读提示】《王制》是《礼记》中论述古代君主治理天下规章制度的,内容涉及封国、职官、爵禄、祭祀、葬丧、刑罚、建立成邑、选拔官吏以及学校教育等方面。本段只区区17个字,但一字千钧,深中肯綮,为历代统治者治国安民之镜鉴。"水则载舟,水则覆舟"后发展为"水可载舟,亦可覆舟"。老百姓是水,君王是船;水可以承载船行,也可以将船掀翻使之覆没。道理显而易见,诵读时的语气应极为肯定,字数不多,寓意深邃,语速不宜过快。"水""舟""载""覆"四字作为重音要强调清楚。语势一直前行上挺,至"覆"达到最高点,"舟"字及时中落抻出慢停。

知识链接

　　荀子:(约前313—前238),名况,战国时期赵国人,著名思想家、文学家、政治家,时人尊称"荀卿"。荀子曾三次任齐国稷下学官祭酒,后为兰陵令。荀子是先秦儒家最后的代表人物,批判地总结了先秦诸子的学术思想,对古代唯物主义有所发展。他不同意孟子的"性善"说,主张"性恶论",强调环境和教育对人的影响,重视礼法的作用。其著作经刘向编订,定为三十二篇。

韩非子(五则)

　　扁鹊/见/蔡桓公,/立/有间(jiàn),/扁鹊曰:/"君/有疾/在/腠(còu)理,/不治/将/恐深。"/桓侯曰:/"寡人/无疾。"/扁鹊/出,/桓侯曰:/"医/之/好(hào)治不病/以为功。"//居十日,/扁鹊复见/曰:/"君之病/在/肌肤,/不治/将/益深。"/桓侯/不应。/扁鹊出,/桓侯/又/不悦。//居十日,/扁鹊/复见曰:/"君子/病在/肠胃,/不治/将/益深。"桓侯/又/不应。/扁鹊出,/桓侯/又/不悦。//居十日,/扁鹊/望/桓侯/而还(xuán)走。/桓侯/故/使人问之,/扁鹊曰:/"疾/在腠理,/汤(tàng)熨(yùn)之所及也;/在肌肤,/针石之所及也;/在肠胃,/火齐(jì)之所及也;/在骨髓(suǐ),/司命之所属,/无奈何也。/今/在骨髓,/臣/是以/无请矣。"//居五日,/桓公/体痛,/使人/索/扁鹊,/已/逃秦矣,//桓侯/遂死。(《喻老·扁鹊见蔡桓公》)

【注释】1. 扁鹊:战国时郑(mò)地(今河北任丘)人。因其医术高明,人们就用传说中上古神医扁鹊的名字来称呼他。2. 蔡桓公:蔡国国君。3. 立:站立。4. 有间:一会儿。5. 腠理:皮肤纹理。6. 将:将要。7. 深:厉害、更甚。8. 出:退出。9. 不病:没有疾病。10. 以为功:以(之)为功,意思是"把它作为功劳。"11. 居十日:待了十天。12. 肌肤:肌肉和皮肤。13. 益:更加。14. 应:答应。15. 悦:高兴。16. 而:连词,表顺承。17. 还:同"旋",意思是"回转""掉转"。18. 走:跑。19. 故:特意。20. 使:令、让。21. 汤:同"烫",用热水焐。22. 熨:用药物热敷。23. 也:语气助词,表判断。24. 针石:金属针和石针,指针刺治病。25. 火齐:火齐汤,一种清火、治肠胃病的汤药。齐:同"剂"。

26. 司命：传说中掌管生死的神。27. 属：管。28. 无奈何：没有办法。奈何：怎么办、怎么样。29. 也：语助词，表肯定。30. 今在：现在（疾病）在……31. 是以：因此。是：指示代词，此。32. 无请：不问，意思是不再说话。33. 索：寻找。34. 逃秦：即"逃（于）秦"，省略介词"于"。35. 矣：语助词，表时间。36. 遂：于是，就。

【串译】扁鹊进见蔡桓公，站着观察了一会儿，说道："您的皮肤纹理间有点小病，不医治恐怕要加重。"桓侯说："我没有病。"扁鹊离开后，桓侯对左右的人说："医生喜欢给没病的人治病，把治好病作为自己的功劳。"过了十天，扁鹊又进见，对桓侯说："您的病已到了肌肉里，再不医治会更加严重的。"桓侯不理睬，扁鹊只好走了，桓侯又很不高兴。过了十天，扁鹊又进见，对桓侯说："您的病已到了肠胃，再不医治会更加严重的。"桓侯还是不理睬。扁鹊只好走了，桓侯又很不高兴。又过了十天，扁鹊进见时远远看了桓侯一眼，转身就跑。桓侯特意派人去问他为什么跑，扁鹊说："皮肤纹理间的病，用热水焐、用药热敷，可以治好；肌肉里的病，可以用针灸治好；肠胃的病，可以用火剂治好；骨髓里的病，那是司命神的事情了，医生是没有办法的。桓侯的病现在已到了骨髓，所以我不再过问了。"过了五天，桓侯浑身剧痛，派人去寻找扁鹊，扁鹊已逃到秦国去了。桓侯就死了。

【诵读提示】此篇以时间为序，写扁鹊与蔡桓公的四次见面，传神地再现了两人见面时不同的神态、语言和性格，突出扁鹊慧眼识病、尽职尽责，敢于直言，机智避祸和桓公的骄横自信、讳疾忌医，结果扁鹊不得不逃亡，暗示了专制君主统治的残暴，深刻揭示了及时医过、防微杜渐的道理。诵读时应重点表现扁鹊的诚恳，他再三地欲诊治蔡桓公的病情，却屡次遭到拒绝，同时表现蔡桓公的顽冥不化和固执。蔡桓公的病情要层层递进，扁鹊的信心也逐层受到打击。二者此消彼长，在矛盾和对立中交互相向发展和延伸。前四次蔡桓公一直在"傲"着,待五日后,桓公体痛再差人找扁鹊而不见时,才"遂死"告终。表现时反差大些,才会给人震撼和警醒。

楚人/有/卖其珠于郑者。//为(wéi)木兰之柜,/熏/以桂椒,/缀(zhuì)/以珠玉,/饰/以玫瑰,/辑(jī)/以翡翠。//郑人/买其椟(dú)/而/还其珠。//此/可谓/善卖椟矣,/未/可谓/善/鬻(yù)珠也。(《外储说左上·买椟还珠》)

【注释】1.珠:珍珠。2.为:制作。3.木兰:木纹很细的香木。4.柜:盒子。5.桂、椒:香料。6.缀:联结、装饰。7.玫瑰:美玉。8.辑:通"缉",装饰、连缀。9.羽翠:绿色的翡翠。10.椟:小盒。11.还:退回。12.鬻:卖。

【串译】楚国有一个卖珍珠给郑国人的商人。用木兰制的盒子装珍珠,用桂椒来熏盒子,用珠玉点缀其上,用美玉点饰,用羽状的翠玉装饰。郑国人买了这个盒子却将珍珠还给了商人。这可以说是善于卖盒子,却不能说善于卖珍珠。

郑人/有/且/置履(lǚ)者,/先/自度(dù)其足/而/置之其坐,/至之市/而/忘/操之。//已得履,/乃曰:/吾/忘/持度(dù)。/反归/取之。//及反,/市罢,/遂/不得履。//人曰:/"何不/试之以足?"曰:/"宁信度,/无自信也。"(《外储说左上·郑人置履》)

【注释】1."且置履者"的"置":购买。2.度:用尺子测量。3."置之其坐"的"置":放置。4.坐:同"座",座位。5."至之其坐"的"之":代词,它。6."至之市"的"之":动词,往、到。7.反:同"返",回去。

【串译】郑国有个想买鞋子的人,先在家里拿根绳子量好自己脚的尺寸,就把量好的尺寸放在自己座位上了,到了集市上却忘了带上量好的尺寸。他选了一双鞋想比比大小,发现量好的尺寸忘记带来了,便说:"我忘带尺寸了。"于是回家去取。等他带着绳子跑回来时,集市已散,他最终没能买到鞋。别人知道后对他说:"为什么不用你的脚试一试呢?"他说:"我宁可相信量好的尺寸,也不相信自己的脚。"

楚人/有/鬻(yù)/盾与矛者,/誉之曰:/"吾盾之坚,/物/莫能陷也。"/又/誉其矛曰:/"吾矛之利,/于物无不陷也。"//或曰:/"以子之矛/陷子之盾,/何如?"/其人/弗能应也。//夫(fú)/不可陷之盾/与/无不陷之矛,/不可/同世而立。(《难一·自相矛盾》)

【注释】1.鬻:卖。2.誉:赞美。3.陷:攻破、刺透。4.或曰:有人说。

【串译】楚国有个卖矛和盾的人,夸他的盾说:"我的盾很坚固,任何武器都刺不破它。"又夸他的矛说:"我的矛很锐利,没有穿不透的东西。"有人质问他:"拿你的矛去刺你的盾,结果会怎样?"那人答不上话来了。本来嘛,坚不可破的盾和无坚不穿的矛是不能同时并存的。

宋人/有/耕者。/田中有株。//兔走触株,/折颈(jǐng)而死。//因/释其耒(lěi)/而/守株,/冀/复得兔。//兔不可复得,/而/身/为/宋国笑。(《五蠹·守株待兔》)

【注释】1.株:露在地面上的断树根。2.走:跑、逃跑。3.耒:古代的一种农具。4.冀:希望。

【串译】宋国有个农民,他的田地中有一根树桩。一天,一只跑得飞快的兔子撞在树桩上,扭断了脖子而死。从此,那个农民便放下他的农具,天天等在树桩旁,希望能再得到一只兔子。结果兔子没等到,他自己却成了宋国人的笑柄。

【诵读提示】以上四则寓言故事,描述的情景有别,但从诵读的角度来讲,总体应把握住两点:第一,抓住情节的描写,绘声绘色地"讲"出来,技巧包括重音、停连、语气、节奏、语势、语态、人物语貌、动作刻画等,力求生动。故事讲得生动形象是寓言诵读的基本要求。第二,通过"讲故事"解释或说明道理。比如第一则《买椟还珠》,告诉人们如果只盯着那只精美的盒子,结果就很可能丢掉真正有价值的宝珠。因此,做什么事情都要分清主次,否则就会像这位"买椟还珠"的郑国人那样做出舍本逐末的傻事来。第二则《郑人置履》讽刺世人不顾实际情况,只相信教条的愚笨做法。第三则《自相矛盾》说明脱离实际地夸大某种东西的长处,往往会闹出不能自圆其说的笑话。第四则《守株待兔》告诫人们不靠自己勤奋劳动而想靠碰好运过日子是不会有好结果的。

> **知识链接**
>
> 韩非子:(约前275—前233),今河南新郑人,战国时著名哲学家、思想家、政论家和散文家。原与李斯同师荀卿,虽口吃但善于写作,继承和发展了荀子的法术思想,提出"以法为主",法、术、势结合的理论,集法家思想大成。多次上书韩王变法图强,不见用,乃发愤著书立说以求闻达。秦王嬴政慕其名,重用之,所创立的法家学说为中国第一个统一专制的中央集权制国家的诞生提供了理论依据。后遭李斯诬害,于狱中服毒自尽。今存《韩非子》五十五篇。

吕氏春秋(二则)

石/可/破也,/而/不可/夺坚;//丹/可/磨也,/而/不可/夺赤。(《诚廉》)

【串译】石头可以被打碎,但绝不能改变它固有的坚硬;朱砂可以被研磨,但绝不能改变它自身的红色。

【诵读提示】这是两段体式,句式相同重复。"破""坚""磨""夺"仅是表层重音,两个"不可"才是内在之"核",后一个比较前一个更应加重语气分量,语势逐渐趋强。

楚人/有/涉江者,/其剑/自/舟中坠于水,/遽(jù)契(qiè)其舟,/曰:/"是/吾剑之/所从坠。"//舟止,/从其所契者/入水/求之。//舟已行矣,/而/剑/不行,/求

剑/若此,/不亦/惑乎?(《察今·刻舟求剑》)

【注释】1.涉:渡。2.坠:落。3.遽:急忙,快。4.契:用刀刻。5.是:此,这。6.惑:糊涂。

【串译】有个楚国人乘船过江时,剑从船上掉进水里,他就急忙在船帮上刻下个记号,说:"这是我的剑掉下去的地方。"等船靠岸,他就从刻记号的地方跳进水里去找剑。船已经走了很远,而剑却没走,这样去找剑,不是很糊涂吗?

【诵读提示】本文告诉人们:当情况发生变化时,应灵活地解决问题,不能片面、静止、狭隘地看问题。结尾句"不亦惑乎?"应为上扬语势,反问中带有肯定。

知识链接

《吕氏春秋》:又名《吕览》,秦国丞相吕不韦主编的一部百科全书似的传世巨著。吕不韦认为其中包括了天地万物古往今来的事理,所以称《吕氏春秋》。有八览、六论、十二纪,共二十多万言。

左传(二则)
左丘明

太上/有/立德,/其次/有/立功,/其次/有/立言。//虽/久/不废,/此之/谓/不朽。(《襄公二十四年》)

【串译】人的功绩最上等的是树立德行,其次是建立功绩,再次是留言传世。这些不会随着时间的久远而消散,这就是人们所说的精神不朽。

【诵读提示】这段话告诫我们:为人处世,首先要树立道德风范,并且感染其他人,使所有的人都跟着你向善。然后是立功,救国家民族于危难,挽狂澜于既倒。最后才是写书立言,将自己的言行、对事情的看法写成书流传下去。以上就是《左传》人生处世著名的"三立"说。诵读时,视点要高,眼界要开阔,语态要重,节奏要舒缓,情感要放达,气息要沉稳舒展地在低平位行进,声音要"站得住"。类似这样人生格言式的作品,字数一般都不会很多,但往往含义深、容量多、气度大,尺寸之间天高地阔,越是这样的句子,越有锻炼的价值。

十年春,/齐师/伐我。//公将战,/曹刿(guì)/请见。//其乡人曰:/"肉食者/谋之,/又何间(jiàn)焉?"/刿曰:/"肉食者/鄙,/未能远谋。"//乃入见。//

问:"何以战?"//公曰:/"衣食所安,/弗敢专也,/必以分人。"/对曰:/"小惠/未徧(biàn),/民/弗从也。"/公曰:/"牺牲玉帛,/弗敢加也,/必以信。"//对曰:/"小信未孚,/神/弗福也。"//公曰:/"小大之狱,/虽不能察,/必以情。"//对曰:/"忠之属也,/可以一战。/战/则请从。"//

公/与之乘,/战于/长勺。//公/将鼓之,/刿曰:/"未可。"//齐人三鼓。//刿曰:/"可矣。"//齐师败

绩。//公将驰之。/刿曰:"未可。"/下/视其辙,/登轼/而望之,/曰:/"可矣。"/遂/逐齐师。//

既克,/公/问其故。//对曰:/"夫(fú)/战,/勇气也。/一鼓作气,/再而衰,/三而竭。/彼竭我盈,/故/克之。//夫/大国,/难测也,/惧有伏焉。/吾/视其辙乱,/望其旗靡(mǐ),//故/逐之。"(《庄公十年·曹刿论战》)

【注释】1. 我:指鲁国。作者站在鲁国立场记事,书中的"我"皆指鲁国。2. 公:鲁庄公。3. 曹刿:鲁国大夫。4. 乡:春秋时 12 500 户为一乡。5. 肉食者:指做大官的人,当时大夫以上的官员每天可以吃肉。6. 间:参与。7. 鄙:鄙陋,指见识短浅。8. 专:专有,独占。9. 牺牲:祭礼时用的牲畜,如牛、羊、猪。10. 加:夸大。11. 信:真实,诚实。12. 孚:信任。13. 狱:诉讼案件。14. 情:情理。15. 乘:乘战车。16. 鼓:击鼓进军。17. 败绩:大败。18. 辙:车轮经过留下的印迹。19. 轼:车前供乘者手扶的横木。20. 作气:鼓足勇气。21. 再:第二次。22. 靡:倒下。

【串译】鲁庄公十年春天,齐国军队攻打鲁国。鲁庄公将要出兵应战,曹刿请求拜见。他的乡里人对他说:"那是做大官的人才谋划的事,你又何必参与呢?"曹刿说:"做大官的人见识短浅,不能深谋远虑。"于是入朝拜见庄公。

曹刿问庄公:"您凭借什么同齐国作战?"庄公答道:"衣食一类用来安身的物品,我不敢独自享用,必定要分一些给别人。"曹刿说:"这种小恩小惠没有遍及每个老百姓,他们不会跟从您去作战的。"庄公说:"祭祀用的牲畜、宝玉和丝绸,我不敢夸大,一定要忠实诚信。"曹刿答道:"这种小信不足以使鬼神信任,鬼神是不会赐福的。"庄公说:"大大小小的官司案件,我虽然不能一一明察,但一定要处理得合乎情理。"曹刿说:"这是尽心尽力为民办事的表现,可以凭这个同齐国打仗。打仗的时候,请让我跟您一同去。"

庄公和曹刿同乘一辆战车,在长勺同齐军交战。庄公想击鼓进兵,曹刿说:"不行。"齐军已经击了三通鼓。曹刿说:"可以出击了。"齐军被打得大败。庄公准备驱车追击。曹刿说:"还不行。"他下了车,察看齐军车轮的印迹,然后登上车,扶着车轼瞭望齐军阵容后说:"可以追击了。"于是鲁军开始追击齐军。

鲁军打了胜仗之后,庄公问曹刿取胜的原因。曹刿回答说:"打仗全凭的是勇气。第一次击鼓时士兵们鼓足了勇气,第二次击鼓时勇气就衰退了,第三次击鼓时勇气便耗尽了。敌方的勇气耗尽时,我方正旺盛,所以会取胜。大国用兵作战难以预测,我担心他们设兵埋伏。后来我看出他们车轮印很乱,望见他们的旗帜倒下去了,所以才去追击他们。"

【诵读提示】曹刿是古代优秀的军事家,他取胜的原因不是靠猛打猛冲,而是靠谋略、智慧。古今中外优秀的军事谋略家可能没有将士的勇猛,也没有在战场上冲锋陷阵、浴血奋战,却能凭借读书识理积累的智慧以柔克刚、以弱胜强、以小取大来完成自己的使命。诵读时要突出曹刿这方面超人的军事战争智慧和谋略。

整篇大致分为"请见""问战""交战""论战"四个节段,结构安排按时间先后循序渐进,其中有过程叙述、场面描写和人物对话。情节似乎很热闹,但诵读者不能仅仅满足于表面的热闹,而是要将曹刿的人物性格通过语言、动作刻画彰显出来。前两个节段双方尚未交战,节奏可松缓些,"问战"要问出锋芒,问出战争之根本来,直指庄公要害。"交战"一段是场面描写,多用情感化的语态,节奏自然应紧凑些。"鼓""驰""下视""登轼而望""逐"等词语都为关键词,用得恰到好处可大大增强战场气氛。"论战"一节主要是曹刿解释我方取胜的原因,可视为战争论,个中有辩证法则。诵读者应"走心",用逻辑性的语态诠释出作战的规律。

知识链接

左丘明,姓左丘,名明,春秋末鲁国人,双目失明。春秋时有一种盲史官,记诵、讲述有关古代历史和传说以补充和丰富文字的记载,左丘明即为这种"瞽矇"(gǔ dū)之一。著《左氏春秋》,又称《左传》《春秋左氏传》《春秋内传》,与《公羊传》《谷梁传》同为解释《春秋》的三传之一,具有重要的史料价值。曾与孔子一起"乘如周,观书于周史",因据有鲁国以及其他封侯各国大量的史料,所以依《春秋》著成了中国古代第一部记事详细、议论精辟的编年史《左传》,与现存最早的一部国别史《国语》成为史家的开山鼻祖。但《左传》重记事,《国语》重记言。

《左传》30卷,内容大部分是传注史事,记事比《春秋》多了17年。不但记鲁国一国的史实,还兼记各国历史;不但记政治大事,还广泛涉及社会各个领域的小事;一改《春秋》流水账式的记史方法,代之以有系统、有组织的史书编纂方法;不但记春秋时史实,还征引了许多古代史实,大大提高了《左传》的史料价值。《左传》还是文学著作,叙事富于故事性、戏剧性,有紧张动人的情节,几次大规模的战事写得很出色,具有重要的文学价值。

战国策（四则）

邹忌/修/八尺有余,/而/形貌昳(yì)丽。//朝(zhāo)服衣冠,/窥镜,/谓其妻曰:/"我/孰/与/城北徐公美?"/妻曰:/"君美甚,/徐公/何能及君也?"//城北徐公,/齐国之美丽者也。//忌不自信,/而/复问其妾曰:/"吾/孰/与/徐公美?"/妾曰:/"徐公/何能及君也?"//旦日,/客从外来,/与/坐谈,/问之客曰:/"吾与徐公孰美?"/客曰:/"徐公/不若君之美也。"//明日,/徐公来。/孰视之,/自以为/不如;/窥镜/而/自视,/又/弗如远甚。//暮寝/而/思之曰:/"吾妻/之美我者,/私我也;/妾/之美我者,/畏我也;/客/之美我者,/欲/有求于我也。"//

于是/入朝/见威王,/曰:/"臣/诚知/不如徐公美,/臣之妻/私臣,/臣之妾/畏臣,/臣之客/欲有求于臣,/皆以美于徐公。//今/齐/地方千里,/百二十城,/宫妇左右,/莫不私王;/朝廷之臣,/莫不畏王,/四境之内,/莫不有求于王。//由此观之,/王之蔽/甚矣!"//

王曰:/"善。"//乃下令:/"群臣吏民/能/面刺寡人之过者,/受/上赏;/上书/谏寡人者,/受/中赏;/能/谤讥于市朝(cháo),/闻/寡人之耳者,/受/下赏。"//令/

初下,/群臣进谏,/门庭若市;/数月之后,/时时而/间(jiàn)进;/期(jī)年之后,/虽/欲言,/无可进者。//燕、赵、韩、魏闻之,/皆/朝(cháo)于齐。///此/所谓/战胜于朝廷。(《齐策一·邹忌讽齐王纳谏》)

【注释】 1. 邹忌:齐桓公大臣,威王时为相,后事宣王。2. 修:长。3. 八尺:战国时各国尺度不一,每尺约相当于今18到23公分。4. 形貌昳丽:容貌光艳美丽。昳,通"佚",美。5. 朝:早晨。6. 服:动词,穿戴。7. 窥镜:照镜子。8. 孰:谁,哪一个。9. 徐公:人名。10. 君美甚:你美得很。11. 复:又。12. 旦日:明日。13. 与坐:与之坐,陪客人坐。14. 孰视之:仔细地察看他。孰,同"熟"。15. 弗如远甚:远远不如徐公美。16. 美我:赞美我。美,用作动词。17. 私:动词,偏爱。18. 以:动词,以为。19. 方千里:方圆千里。20. 莫:没有。21. 四境之内:全国范围内。22. 王之蔽:大王受的蒙蔽。23. 甚:厉害。24. 面刺:当面指责。25. 过:过错。26. 者:代词,相当于"……的人"。27. 讥:讽刺。28. 市朝:指人们会集的地方。29. 闻寡人之耳者:被我耳朵听见。30. 门庭若市:宫门和庭院里人挤得像集市一样。31. 时时:隔一些时候。32. 间:间或、偶然。33. 进:进谏。34. 期年:一整年。

【串译】 邹忌身高八尺多,容貌光艳美丽。有一天早上,他穿好衣服,戴上帽子,照着镜子,对他的妻子说:"我与城北的徐公哪一个更美?"妻子说:"你更美,徐公哪里比得上你呀!"城北的徐公,是齐国美男子。邹忌不相信自己比徐公美,又问他的妾说:"我跟徐公谁更美?"妾说:"徐公哪能比得上您呢!"第二天,有位客人来,邹忌跟他坐着聊天,问他:"我和徐公谁美?"客人说:"徐公不如你美。"又过了一天,徐公来了。邹忌仔细地看他,认为自己不如他漂亮;再照照镜子,更觉得自己与徐公相差太远。晚上邹忌躺在床上反复考虑这件事,终于明白了:"我的妻子赞美我,是因为偏爱我;妾赞美我,是因为害怕我;客人赞美我,是有求于我啊。"

于是,邹忌上朝廷见威王,说:"我知道我不如徐公漂亮,可是,我的妻子偏爱我,我的妾怕我,我的客人有事想求我,都说我比徐公漂亮。如今齐国的国土方圆一千多里,城池有一百二十座,王后、王妃和左右侍从没有不偏爱大王的,朝廷臣子没有不害怕大王的,全国百姓没有不想求得大王恩遇的。由此看来,您受的蒙蔽非常厉害啊。"

威王说:"好!"于是就下了一道命令:"各级大小官员和老百姓能够当面指责我的过错的,得上等奖赏;书面规劝我的,得中等奖赏;能够在公共场所指责我的过错让我听到的,得下等奖赏。"命令刚下达,许多大臣都来进言规劝,宫门口和院子里像热闹的集市;几个月后,偶尔有人进言规劝;一年以后,有人即使想规劝也没有什么说的了。燕国、赵国、韩国、魏国听说了这件事都向齐国朝拜。这就是人们所说的不用兵就能战胜敌国。

【诵读提示】此文写的是齐威王接受邹忌的劝谏而采纳群言,终于使齐国大治的故事,塑造了邹忌善于思考、敢于进谏的贤臣形象和齐威王善于纳谏、知错就改的明君形象,告诉人们只有广开言路、采纳群言、虚心接受批评意见并积极加以改正才有可能成功。

全文虽然只有三百多字,却具有完整的故事情节。邹忌的两次窥镜,与妻、妾、客的三问三答以及"暮寝而思"等情节,都应表现得富于生活气息。对邹忌形象的塑造,诵读者应着重用细节和对话表现人物丰富的内心世界。齐威王只有两个举动,一是"王曰:'善。'"二是"乃下令……",将一个贤明的君主形象表现得生动传神。记叙到"令初下""数月之后""期年之后"三个时期的不同情况,诵读时也应有时间的概念,层层递进,使读者从中体会到齐威王纳谏后的巨大变化。

楚/有祠者,/赐/其/舍人/卮(zhī)酒。//舍人/相谓曰:"数人饮之/不足,/一人饮之/有余。/请/画地为蛇,/先成者/饮酒。"//一人/蛇先成,/引酒/且/饮之,/乃/左手/持卮,/右手/画蛇曰:/"吾能为之足。"//未成,/一人/之蛇成,/夺其卮/曰:/"蛇/固无足,/子/安能为之足?"/遂/饮其酒。//为蛇足者,/终/亡(wú)其酒。(《齐策二·画蛇添足》)

【注释】1.祠:周代贵族一年四季都要祭祀祖宗,每个季度祭祀都有专门的称呼,春天祭祀叫"祠"。2.舍人:指侍从宾客的、左右亲近的人。3.卮:古代盛酒的器具。4.相谓:互相商量。5.引酒:拿过酒杯。引,取过来。6.且:将要。7.固:本来。8.子:尊称。9.安:怎能、哪能。10.遂:就。11.亡:失去。

【串译】楚国有个贵族,祭过祖宗后把一壶祭酒赏给前来帮忙的门客。门客们互相商量说:"这壶酒大家都喝不够,一个人喝则有余。咱们各自在地上比赛画蛇,谁先画好谁就喝这壶酒。"有一个人最先把蛇画好了,他端起酒壶正要喝,却又得意洋洋地左手拿着酒壶,右手继续画蛇说:"我能够再给它添上几只脚。"可是没等他把脚画完,另一个人已把蛇画成了,把壶抢过去说:"蛇本来没有脚,你怎么能给它添脚呢?"说罢,便把壶中的酒喝了下去。那个给蛇添脚的人终于失掉了到嘴的那壶酒。

虎/求百兽/而/食之,/得狐。//狐曰:/"子/无敢/食我也!/天帝/使我长(zhǎng)百兽,/今/子/食我,/是/逆天帝命也。/子/以我为不信,/吾/为子先行,/子/随我后,/观/百兽之见我/而/敢不走乎。"//虎/以为然,/故/遂与之行。//兽/见之/皆走。//虎/不知/兽畏己而走也,/以为/畏狐也。(《楚策一·狐假虎威》)

【注释】1.长:管理。2.遂:就。

【串译】老虎寻找各种野兽吃掉它们,抓到狐狸。狐狸说:"您不敢吃我!天帝派遣我来做各种野兽的首领,现在你吃掉我,是违背天帝的命令。你若认为我的话不诚实,那么我在你前面走,你跟随在我后面,看各种野兽看见我有敢不逃跑的吗?"老虎认为狐狸的话有道理,所以就和它一起走。野兽看见它们都逃跑了。老虎不知道野兽是害怕自己而逃跑的,还认为它们是害怕狐狸呢。

蚌(bàng)/方/出曝(pù),/而/鹬(yù)/啄其肉。/蚌合而拑(qián)其喙(huì)。//鹬曰:/"今日/不雨(yù),/明日/不雨,/即有死蚌!"蚌亦谓鹬曰:/"今日/不出,/明日/不出,/即有死鹬!"//两者/不肯相舍。//渔者/得而并擒之。(《燕策二·鹬蚌相争》)

【注释】1. 方：正在。2. 曝：晒。3. 鹬：水鸟，嘴和腿都细长，常在浅水边或水田中捕食小鱼、昆虫、河蚌等。4. 箝：同"钳"，夹住。5. 喙：鸟兽的嘴。6. 雨：这里用作动词，下雨。7. 即：就、那就。8. 谓……曰：对……说。9. 相舍：互相放弃。10. 并：一起、一并。11. 擒：捉住。

【串译】河蚌在河滩上张开壳晒太阳，一只鹬鸟扑过来啄它的肉。蚌灵敏地合拢起坚硬的壳，把鹬鸟尖尖的长嘴紧紧夹住。鹬对蚌说："今天不下雨，明天不下雨，你就会晒死。"蚌也对鹬说："你的嘴今天拔不出，明天拔不出，你就要饿死！"鹬和蚌谁也不肯让谁。结果被渔夫毫不费力地抓住了。

【诵读提示】三个寓言故事的诵读要求从文中去寻找创作依据，将故事讲得生动、鲜活，给人以深刻的印象。另外，还要将故事蕴含的道理在有声语言的创作中用语态尽量予以表现。比如第一则寓言告诉我们：做任何事情都要实事求是，不卖弄小聪明，不节外生枝。否则，会把事情办糟。第二则寓言告诉我们：狐狸凭自己的智谋可以逃脱虎口，依仗别人的势力欺压人也有效，但是仗势欺人最终不会有好下场。同时也说明凡事应开动脑筋，不能盲目信从。第三则寓言告诉我们：大敌当前，弱小者要联合起来，消除矛盾，团结一致，共同对付敌人。处理内部事务时，局部利益要服从整体利益，眼前利益要服从长远利益，否则内部争斗不休，互不相让，只会两败俱伤，使第三者得利。

> **知识链接**
>
> 《战国策》:国别体史书。西汉刘向编定为三十三篇,宋曾巩订补。全书按东周、西周、秦国、齐国、楚国、赵国、魏国、韩国、燕国、宋国、卫国、中山国依次分国编写,是先秦历史散文中成就最高、影响最大的著作之一。主要记述战国时期纵横家的政治主张和策略,展示了战国时代的历史特点和社会风貌。战国时期七大国风云变幻、合纵连横、战争绵延、政权更迭都与谋士献策、智士论辩有关,因而此书具有重要的史料价值。

楚辞(二则)

客/有/歌于郢(yǐng)中/者,//其始曰《下里》《巴人》,/国中/属(zhǔ)而和(hè)者/数千人;//其为《阳阿(ē)》《薤(xiè)露》,/国中/属而和者/数百人;//其为《阳春》《白雪》,/国中/属而和者/不过/数十人。//引商刻羽,/杂以流徵(zhǐ),/国中/属而和者,/不过/数人而已。//是/其曲弥高,/其和弥寡。(《对楚王问·曲高和寡》)

【注释】1.客:外来的人。2.歌:唱。3.郢:楚国国都,在今湖北江陵。4.《下里》《巴人》:楚国民间歌曲,比较通俗。5.国:国都、京城。6.属:跟着。7.和:跟着唱。8.《阳阿》《薤露》:两种较为高雅的歌曲。9.《阳春》《白雪》：楚国高雅的歌曲。10. 引：引用。11. 刻：刻画。12. 商、羽、徵：五个音级中的三个。古乐有宫、商、角、徵、羽五个音级。13. 杂：夹杂、混合。14. 流：流畅。15. 是：这。16. 弥：愈、越。

【串译】有客人路过楚国都城郢，开始时唱《下里》和《巴人》，得到了几千人的响应与传唱。后来又唱《阳阿》与《薤露》，响应与传唱的人只有几百人。最后唱《阳春》《白雪》，响应与传唱的人不过数十人。使商音升高，羽音降低，穿插难度极高的唱法，城中跟着唱的人不过几人而已。

唱的曲子格调越是高雅，能跟着唱的人也就越少。

【诵读提示】此段文字的意旨是：乐曲的格调越高，能跟着唱的人就越少。原比喻知音难觅，现多用于比喻言行卓越不凡、艺术作品等高雅深奥，以至于鲜有人理解或接受。文中"客歌"列举了四种情况，诵读时要层层递进式地描述，一层比一层歌曲难度大，听懂并响应的人越少。"其曲弥高，其和弥寡"八个字是作者的结论，表达时应注意强调和突出。"属""和""阿""薤""徵"五个字的读音容易误读。

屈原/既放，/游于江潭，/行吟泽畔；/颜色憔悴，/形容枯槁。//渔父（fǔ）/见/而/问之曰：/"子/非三闾（lǘ）大（dà）夫与（yú）？/何故/至于斯？"/屈原曰：/"举世/皆浊/我独清，/众人/皆醉/我独醒，/是以/见放。"//渔父曰：/"圣人/不凝滞于物，/而能与世推移。/世人皆浊，/何不/淈（gǔ）其泥而扬其波？/众人皆醉，/何不/哺其糟而歠（chuò）其醨（lí）？/何故/深思高举，/自令放为？"//屈原曰：/"吾闻之，/新沐者/

必/弹冠,/新浴者/必/振衣;/安能/以/身之察察,/受/物之汶汶者乎?/宁/赴/湘流,/葬于/江鱼之腹中。/安能/以皓皓之白,/而蒙/世俗之尘埃乎!"//

　　渔父/莞尔而笑,/鼓枻(yì)而去,/乃歌曰:/"沧浪之水/清兮,/可以/濯(zhuó)/吾缨;//沧浪之水/浊兮,/可以/濯/吾足。"//遂去,/不复与言。(《渔父》)

【注释】1. 渔父:父,通"甫",古代对老年男子的尊称。渔父,即捕鱼的老者。2. 三闾大夫:掌管楚国王族屈、景、昭三姓事务的官。3. 与:通"欤"。4. 淈:搅混。5. 哺:吃。6. 歠:通"啜",饮。7. 醨:薄酒。8. 高举:高出世俗的行为,与"深思"都是渔父对屈原的批评,有贬义。9. 察察:洁净。10. 汶汶:玷辱。11. 鼓枻:打桨。12. 沧浪:汉水支流。

【串译】屈原被放逐后,在湘江一带游荡,沿着水边边走边唱。脸色憔悴,形体容貌枯槁。渔父看到他便问:"您不就是三闾大夫吗?为什么会落到这种地步?"屈原说:"世上全都肮脏只有我干净,个个都醉了唯独我清醒,因此被放逐。"渔父说:"通达事理的人对客观时势不拘泥执着,而能随着世道变化推移。既然世上的人都肮脏龌龊,您为什么不使那泥水弄得更浑浊而推波助澜?既然个个都沉醉不醒,您为什么不跟着吃那酒糟喝那酒汁?为什么您偏要忧国忧民,行为超出一般,与众不同,使自己遭到被放逐的下场呢?"屈原说:"我听过这种说法:刚洗过头的人一定要弹去帽子上的尘土;刚洗过澡的人一定要抖净衣服上的泥灰。哪里能让洁白的身体去接触污浊的外物?我宁愿投身湘水,葬身在江中鱼鳖的肚子里,哪里能让玉一般的东西去蒙受世俗尘埃的沾染呢?"

渔父微微一笑,拍打着船板而去。口中唱道:"沧浪水清啊,可用来洗我的帽缨;沧浪水浊啊,可用来洗我的双足。"便离开了,不再和屈原说话。

　　【诵读提示】本文以简短凝练的文字塑造了屈原和渔父两个人物形象。渔父是一个懂得与世推移、随遇而安、乐天知命的隐士形象,他看透了尘世的纷纷扰扰,恬然自安,将自我情操寄托到无尽的大自然中。屈原面对社会的黑暗、污浊,显得执着、决绝,始终追求清白高洁的人格精神,宁愿舍弃生命也不与污浊的尘世同流合污,虽然理想破灭了,但至死不渝。

　　诵读是声音和情感交融的艺术,叙事文章的诵读需要把握人物的性格,读出人物语言的语气、语调、语速。"言为心声",语言最能表达人物的内心世界,尤其是以下几句在诵读时需要好好把握。(1)"子非三闾大夫与?何故至于斯?"要诵出渔父偶遇屈原时看到他形容憔悴而流露出的惊奇和关切。(2)"举世皆浊我独清,众人皆醉我独醒,是以见放。"这句要诵出昂扬之气、傲然之气,一种毫无怨悔的决绝,同时还要流露出一种隐隐的豪迈之感。(3)"吾闻之,新沐者必弹冠,新浴者必振衣;安能以身之察察,受物之汶汶者乎?宁赴湘流,葬于江鱼之腹中。安能以皓皓之白,而蒙世俗之尘埃乎?"语调抑扬顿挫,几处反问语气语调宜高,表现出一种激愤之情。第二自然段,渔父的走是无可奈何的,也是必然的,因为两人的人生观不同,所以只能分道扬镳。对渔父的语态不能充满敌意,更不能有恶意。

> **知识链接**
>
> 《楚辞》:屈原创造的一种诗体。运用楚地的文学样式、方言声韵,叙写楚地的山川人物、历史风情,具有浓厚的地方特色。汉时刘向把屈原的作品及宋玉"承袭屈赋"的作品编辑成集,名为《楚辞》。《楚辞》是继《诗经》后对我国文学具有深远影响的一部浪漫主义诗歌总集。

孝经(三则)

身/体/发(fà)/肤,/受之父母,/不敢毁伤,/孝/之/始也。//立身/行道,/扬名/于/后世,/以显父母,/孝之/终也。//夫(fú)孝,/始于/事/亲,/中于/事/君,/终于/立/身。(《开宗明义章第一》)

【串译】人的身体四肢、毛发皮肤都是父母给予的,不敢损毁伤残,这是孝的开始。人在世上遵循仁义道德,有所建树并显扬名声于后世,从而使父母显赫荣耀,这是孝的终极目标。所谓孝,从侍奉父母开始,然后效力于国君,最终建功立业,功成名就。

在上不骄,/高而不危;/制节谨度,/满而不溢。//高而不危,/所以/长守贵也。/满而不溢,/所以/长守富也。//富贵不离其身,/然后/能/保其社

稷,/而和其民人。//盖/诸侯之孝也。//《诗》云:/"战战兢兢,/如临深渊,/如履薄冰。"(《诸侯章第三》)

【串译】身为诸侯,在众人之上而不骄傲,位置再高也不会有倾覆的危险;生活节俭、慎行法度,财富再充裕丰盈也不会损益。居高位而没有倾覆的危险,所以能够长久地保持自己的尊贵地位。财富充裕而不奢靡挥霍,所以能够长久地守住自己的财富。能够保持富有和尊贵,然后才能保住家国的安全,与黎民百姓和睦相处。这应当就是诸侯的孝道吧。《诗经·小雅·小旻》篇中说:"战战兢兢,就像身临深水潭边恐怕坠落和脚踩薄冰之上担心陷下去那样,小心谨慎地处事。"

子曰:/"教民亲爱,/莫/善于孝。/教民礼顺,/莫/善于悌(tì)。/移风易俗,/莫/善于乐(yuè)。/安上治民,莫/善于礼。//礼者,/敬/而已矣。//故/敬其父,/则子悦;/敬其兄,/则弟悦;/敬其君,/则臣悦;/敬一人,/而/千万人悦。//所敬者/寡,/而/悦者众,//此之/谓/要道/也。"(《广要道章第十二》)

【串译】孔子说:"教育人民互相亲近友爱,没有比倡导孝道更好的了。教育人民礼貌和顺,没有比服从自己兄长更好的了。转移风气、改变旧的习惯制度,没有比用音乐教化更好的了。要使君主安心、人民驯服,没有比礼教更好的了。所谓礼,也就是敬爱而已。所以尊敬他人的父亲,其儿子就会喜悦;尊敬他人的兄长,其弟弟就愉快;尊敬他人的君主,其臣子就高兴。敬爱一个人,却能使千万人高兴愉快。所尊敬的对象虽然只是少数,为之喜悦的人却有千千万万,这就是礼敬作为要道的意义之所在啊。"

【诵读提示】孝道是中国传统文化的重要组成部分,上至天子,下到庶人,无不讲求一个"孝"字。这里选择的三则不能说涵盖了《孝经》的精华,但管中可窥豹也。

第一则从普通人的角度论述"孝",对每个人都适用。孝之始,"始于事亲",从自己身体的保护、保全做起,从在家里侍奉父母做起。孝之中,"忠于事君",侍奉国君,为国家做事,把孝道推广开来。孝之终,"立身行道",终极目标就是"扬名于后世,以显父母",这也是由开始、经中间最后达到圆满的结果。当然这是一种理想的行孝道的完美人生,目标很高,但是这种理念却深入人心,一般人都向往之。孝彰则人立。诵读第一则时,温敦、朴直地表达当是基本的语调。

第二则阐述的是诸侯之孝。诸侯作为一方之君,上有天子,下有百姓,职责甚重。诸侯之孝体现在以不骄和守法来长久地保持自己的富贵,进而保住社稷、庇护人民。可见诸侯孝之与否,全在于能否长久地保住自己的封国。这一段诵读应站在诸侯的立场上论述,由于有了江山社稷、黎民百姓的考虑,语气可比第一则"贵族"些,严谨些,文气些。

第三则引用孔子的话,对孝与治国的关系做进一步的阐述。这篇首先谈到治国安民之术,孝只居其一,此外还有悌、乐、礼。随后,文中指出礼就是敬,敬在治国中十分重要。上半部顺序说到"孝""悌""乐""礼",下半部主要深入说"礼"。诵读上半部四个并列句要在必要的顿挫中有勾连,表现出"抱团式"的层次感。下半部"敬其父"之后也有四个排比连接,应表现得紧凑有序。后半部安排上呈"松—紧—松"的结构,语句表现应是"慢—快—慢"的形态。

> **知识链接**
>
> 《孝经》：成书于秦汉之际，由孔子学生曾子所著，是十三经中唯一一部由皇帝注释的书。全书18章，全面而深刻地阐述了中国古代的孝文化，比较集中地阐发了儒家的伦理思想。在中国伦理思想中，首次将"孝亲"与"忠君"联系起来，认为"忠"是"孝"的发展和扩大，并把"孝"的社会作用绝对化、神秘化，认为"孝悌之至"就能够"通于神明，光于四海，无所不通"。

礼记（八则）

玉/不琢,/不成/器。/人/不学,/不知/道。//是故/古之王（wàng）者,/建国/君民,/教学/为先。(《学记》)

【串译】玉石不经过琢磨，就不能用来做器物。人不通过学习，就不懂得道理。因此，古代君王建立国家、治理民众，都把设学施教当作首要的事情。

虽有/嘉肴,/弗食,/不知/其/旨也。/虽有/至道,/弗学,/不知/其/善也。//是故/学/然后/知不足,/教/然后/知困。/知不足,/然后/能自反也。/知困,/然后/能/自强也。//故曰:/教学/相长也。(《学记》)

【串译】 虽然有好的饭菜,如果不吃,就不知道它的美味。虽然有好的道理,如果不学习,就不知道它的美好可贵。所以学过后才知道自己的学识不够,教人之后才发现自己的困惑很多。知道欠缺,然后才能反省,努力向学。知道有困难不通达,然后才能自我勉励,发愤图强。所以说教与学是相辅相成、相互促进的。

【诵读提示】《学记》是《礼记》中的一篇,是我国先秦时期教育思想和教育实践的概括和总结,也是世界教育史上第一部教育学专著。

第一则"玉不琢,不成器。人不学,不知道"是假设并列句,也是后面的前提,诵读时交代明确即可。要强调指出的是"古之王者,建国君民,教学为先"一句中,"教学"是全句乃至全文的重点句子中的重点词。注意:(1)"道"不是"道路",而是指儒家之道,这里的"知道"是指懂得儒家学说和做人为学的道理。(2)"王"名词用作动词,读去声,是统治、取得政权的意思。(3)"君"名词用作动词,是治理、管理、统治的意思。

第二则,"嘉肴"一句是个引子,作者所要表达的中心意思应是第二分句——学习。"是故学然后知不足"到"然后能自强也"是对"学习"的进一步深化解读。"是故"后面又是前后两个相同的句式,先说"学"——知不足——自反;后说"教"——困——自强。尽管顺序有先后,但分量是一样的。既然是论述,就少不了"所以",这里的"是故"不便做过分强调。最后一句,才是全段的主旨,结论是教和学相辅相成,相互促进,这句也是高潮之所在。诵读时,在"教"和"学"之间安排个顿挫,表明"教""学"的两个方面,到此可以抬高语调,加强语势,"长"字利用上声调的特性往上一勾,再放缓平拉,拖长"也"字,表肯定语气,这样,意思表达就趋于完满了。

君子/有/三患://未之闻,/患/弗得闻也;//既闻之,/患/弗得学也;//既学之,/患/弗能行也。///君子有五耻://居其位,/无其言,/君子耻之;//有其言,/无其行,/君子耻之;//既得之而又失之,/君子耻之;//地有余而民不足,/君子耻之;//众寡均而倍焉,/君子耻之。(《杂记下》)

【注释】1.患:担忧、忧虑。2.弗:不。3.既:已经。4.行:实践。5.耻:引以为耻的事情。6.位:官职。7.言:建议。8.众:老百姓。9.寡:少。10.倍:多。

【串译】君子所忧患的事情有三种:未曾听说的知识怕不能听到;听到之后怕不能学到;学到之后怕不能做到。君子感到可耻的事情有五种:身居职位却不能发表应有的意见,君子感到可耻;发表了意见却不能实行,君子感到可耻;已得到的东西又失去了,君子感到可耻;土地有余而劳动力不足,君子感到可耻;大家平均而自己多得一倍,君子感到可耻。

【诵读提示】这段话讲述的是儒家关于"君子"的道德标准,做到"三患""五耻",主要靠内心的自觉。此段结构简单,共有两层:第一层论述的是"君子三患";第二层论述的是"君子五耻"。"君子三患"的三个分句是递进关系,一层比一层内容重,语势也重。学习的目的在于学以致用,这是重点,应给以足够的强调。"君子五耻"中有五个语节,每个语节都以"君子耻之"小结,不用一律平摆,第一个稍加力度,最后一个由于结尾的需要而适宜于"缓拖"处理。五个"耻"之要素不能随意地一带而过。也就是说,应当点明君子"耻"的是什么。另外,"三患"和"五耻"虽是并行,但它们之间也有对比强调突现的技巧,这是重音处理的最基本的要求。

张/而/不弛,/文武/弗能也;/弛/而/不张,/文武/弗为也。//一张/一弛,/文武之道也。(《杂记下》)

【注释】1.张:拉紧弓弦。2.弛:放松弓弦。3.文武:指周文王和周武王。

【串译】做事情如果总是紧张而不松弛,善于治国的周文王、周武王也是无法办到的;相反,如果一直松弛而不紧张,周文王、周武王也难以实施管理。紧张与松弛相结合,间而用之,有劳有逸,宽严相济,这才是周文王、周武王治政的成功之道。

【诵读提示】这段话的意思是"宽"与"严"要相结合,"紧"与"松"要相结合,这是文王、武王治理国家的方法。就是说要治理好国家,就要让人民有劳有逸,劳逸结合,使工作、生活有节奏地进行。"张"和"弛"之间应注意语态的转换。"文"和"武"之间应有必要的隔断停顿,以表示是周文王、周武王两个人。

是故/君子/戒慎乎/其所不睹,/恐惧乎/其所不闻。/莫/见(xiàn)乎/隐,/莫/显乎/微,//故君子/慎其独也。(《中庸》)

【注释】1.见:同"现",显现。2.独:自己。3.慎其独:要严肃地面对自我。

【串译】所以君子就是要在别人眼睛看不到的地方谨慎小

心;在别人听不到的地方要警惕注意。隐秘的事情没有不被人发现的,细微的事情也没有不显露出来的,所以君子在独处的时候尤其要谨慎小心。

【诵读提示】这段话言简意赅地揭示了中庸之道这一主题思想的核心是自我教育。慎独,说的是即使个人独处于别人看不见、听不到、发现不了的幽隐之地、细微之处,也要谨慎戒惧,严于律己,不做非礼非法的不道德的事。君子不会在别人看不到的地方放纵自己,做一个坦荡的君子不需要别人来约束。慎独不是怕丢人,而是怕丧失人格。诵读时语气中肯、平实。

博学/之,/审问/之,/慎思/之,/明辨/之,/笃(dǔ)行/之。//有弗学,/学之弗能弗措也;/有弗问,/问之弗知弗措也;/有弗思,/思之弗得弗措也;/有弗辨,/辨之弗明弗措也;/有弗行,/行之弗笃弗措也。//人/一能之,/己/百之;/人/十能之,/己/千之。//果能此道矣,/虽愚/必明,/虽柔/必强。(《中庸》)

【注释】1. 博:广博、广泛。2. 审:详细、周密。3. 慎:谨慎、慎重。4. 明:清楚、明确。5. 笃:坚定。6. 弗:不。7. 措:废置、搁置。

【串译】做事要广泛学习,详细探究,谨慎思考,明确辨别,切实实行。要么不学,学了没有学会绝不罢休;要么不问,问了没有懂得绝不罢休;要么不想,想了没有想通绝不罢休;要么不分辨,分辨了没有明确绝不罢休;要么不实行,实行了没有成效绝不罢休。别人用一分努力就能做到的,我用一百分的努力去做;别人用十分的努力做到的,我用一千分的努力去做。如果真能够做到这样,虽然愚笨,但也一定可以聪明起来,虽然柔弱,但也一定可以刚强起来。

【诵读提示】这段话是论"知行"的过程,意思是做事要广泛地学习、仔细地探究、谨慎地思考、明确地辨别,最后要切实地去实行。"博学之"意谓为学首先要广泛地猎取,培养充沛而旺盛的好奇心。"博"还意味着博大和宽容,唯有博大和宽容才能兼容并包,使为学者具有世界眼光和开放胸襟,因此博学乃为学的第一阶段。"审问"为第二阶段,有所不明就要追问到底,对所学加以怀疑。问过以后还要通过自己的思想活动来仔细考察、分析,否则所学不能为自己所用,这是为学的第三阶段"慎思"。"明辨"为第四阶段,学是越辨越明的,不辨,所谓的"博学"就会真伪难辨、良莠不分。"笃行"是为学的最后阶段,既然学有所得,就要努力践履,做到"知行合一"。诵读时用说理的口吻层层递进,语速适中。

古之/欲/明/明德/于天下者,/先/治其国;//欲/治其国者,/先/齐其家;//欲/齐其家者,/先/修其身;//欲/修其身者,/先/正其心;//欲/正其心者,/先/诚其意;//欲/诚其意者,/先/致其知。///致知/在/格物。//物格/而后/知至,/知至/而后/意诚,/意诚/而后/心正,/心正/而后/身修,/身修/而后/家齐,/家齐/而后/国治,/国治/而后/天下平。(《大学》)

【注释】1.明明德:前一个"明"作动词,有使动的意味,即"使彰明",是发扬、弘扬的意思。后一个"明"作形容词,明德,就是光明正大的品德。2.齐其家:管理好自己的家庭或家族。

3.修其身:修养自身的品性。4.致其知:使自己获得知识。5.格物:认识、研究万事万物。

【串译】古代那些要想在天下弘扬光明正大品德的人,先要治理好自己的国家;要想治理好自己的国家,先要管理好自己的家庭和家族;要想管理好自己的家庭和家族,先要修养自身的品性;要想修养自身的品性,先要端正自己的心思;要想端正自己的心思,先要使自己的意念真诚;要想使自己的意念真诚,先要使自己获得知识。通过对万事万物的认识、研究后获得知识;获得知识后意念才能真诚;意念真诚后心思才能端正;心思端正后才能修养品性;品性修养后才能管理好家庭和家族;管理好家庭和家族后才能治理好国家;治理好国家后天下才能太平。

【诵读提示】格物、致知、诚意、正心、修身、齐家、治国、平天下,是《大学》的"八目",这"八目"是《大学》的核心思想。这段话内涵丰富深刻,诵读时语速放缓,中度续进,语气诚挚中肯,从读出节奏到读懂,再到读出内涵、韵味。

汤/之/《盘铭》曰:"苟/日新,/日日/新,/又/日新。"//《康诰(gào)》曰:"作/新民。"//《诗》曰:"周虽/旧邦,/其/命/维新。"//是故/君子/无所不用/其/极。(《大学》)

【注释】1.汤:商汤。2.盘:青铜制成的洗漱用具。3.邦:国,指诸侯国。4.命:天命。5.极:极致。

【串译】商汤王刻在洗脸盆上的箴言说:"如果能够一天新,就应保持天天新,新了还要更新。"《康诰》说:"激励振作人弃旧图新。"《诗经》说:"周朝虽然是老诸侯国,但却禀受了新的天命。"所以,品德高尚的人无处不在尽心追求完善。

【诵读提示】如果说"在明明德"还是相对静态地要求弘扬人性中光明正大的品德的话,那么,"苟日新,日日新,又日新"就是从动态的角度来强调不断革新的问题。"苟日新,日日新,又日新"被刻在商汤王的洗脸盆上,本来说的是洗脸的问题,引申出来就是精神上的洗礼、品德上的修炼,展示的是一种革新的姿态,驱动人们弃旧图新。朗诵时应有朝气,语气自信。

知识链接

《礼记》:西汉礼学家戴德、戴圣编定的一部典章制度专著。八十五篇《大戴礼记》到唐代只剩下三十九篇。四十九篇《小戴礼记》即我们今天所见到的。东汉末年,郑玄为《小戴礼记》作注,后来此本盛行不衰,并由解说经文的著作逐渐成为经典,到唐代被列为"九经"之一,宋代被列入"十三经",成为士人必读之书。《礼记》涉及政治、法律、道德、哲学、历史、祭祀、文艺、日常生活、历法、地理等诸多方面,集中体现了先秦儒家的政治、哲学和伦理思想,是研究先秦社会的重要资料。

山海经(二则)

炎帝/之/少女/名曰/女娃。//女娃/游于东海,/溺(nì)而不返,/故为/精卫,/常/衔/西山之木石,/以/堙(yīn)于/东海。(《北山经·精卫填海》)

【注释】精卫:古代神话中的鸟名。精卫衔来木石,决心填平大海。旧时比喻仇恨极深,立志报复。后比喻意志坚决,不畏艰难。

【串译】炎帝小女儿名叫女娃。女娃去东海游泳,溺水后再也没有回来,所以化为精卫鸟,经常口衔西山上的树枝和石块,用来填塞东海。

夸父(fǔ)/与/日/逐走,/入日。//渴/欲得饮,/饮于河渭,/河渭/不足,/北/饮大泽。//未至,/道/渴/而死。//弃其杖,/化为邓林。(《海外北经·夸父逐日》)

【注释】1.夸父:古传说中的人名。父,古代男子的美称。2.逐走:竞跑、赛跑。3.入日:太阳落下去。4.河、渭:黄河和渭水。5.不足:不够。6.北:向北。7.大泽:大湖。8.至:到。9.道:名词作状语,在半路上。10.邓林:桃林。

【串译】夸父与太阳赛跑,追赶到太阳落下的地方。他感到很渴,想要喝水,就在黄河、渭水边喝水,黄河、渭水的水不够他喝,就到北方的大湖去喝水。还没有到,就在半路因口渴而死。他丢弃的手杖,化作了一片桃林。

【诵读提示】精卫填海是中国远古神话中最有名、最为感人的故事之一。后世人们常以精卫填海比喻志士仁人所从事的艰巨卓越的事业。夸父逐日比喻有宏大志向和气魄,表达了人类战胜自然的雄心壮志。诵读这样的作品,首先要树立这样一个概念,就是通过诵读给人以精神的感召和鼓舞。女娃即便溺水而亡,也要常衔西山之木石填于东海;夸父逐日饮于大泽,道渴而死也要弃杖化为邓林,这是中国人民向大自然抗争的不屈不挠的精神的集中展现。将这种精神灌注融汇到行腔使调之中,语势要"强中带亢",透出"顽强""激振"的感受,诵读就算成功了一大半。诵读者情感的内蕴需要在作品准备阶段进行,在"形之于声"的过程中,情感的转换到表达即"外化",有时不见得就一定会立竿见影,不见得在具体的语流、语貌、语态中就能明显地显露出来。但是如果没有情感的生发和积贮,是断然诵读不好作品的,即便有高超的语言表达技巧,也不过算个传声筒或留声机而已。因为缺乏创作者的主动性和能动性,作品就失去了生命。

知识链接

《山海经》:富于神话传说的最古老的地理书,记述的内容包括古代地理、物产、神话、巫术、宗教、古史、医药、民俗、民族等方面。全书18篇,其中《五藏山经》5篇、《海外经》4篇、《海内经》5篇、《大荒经》4篇。

第二单元　汉魏、南北朝散文

（一）

重点、难点：叙述、记事体散文的语态、节奏等诵读技巧。

史记（四则）
司马迁

项王/即日/因留/沛公/与饮。///项王、项伯/东向坐，/亚父/南向坐。//亚父/者，/范增/也。/沛公/北向坐，/张良/西向侍(shì)。///范增/数(shuò)目/项王，/举/所佩玉玦(jué)/以示之者/三，//项王/默然不应。//范增/起，/出/召/项庄，/谓曰：/"君王/为人不忍。/若/入前/为寿，/寿毕，/请/以/剑舞，/因/击/沛公/于坐，/杀之。/不(fǒu)者，/若属/皆/且为所虏。"//庄/则/入为寿。//寿毕，/曰：/"君王与沛公/饮，/军中/无以为乐，/请/以/剑舞。"/项王曰：/"诺。"//项庄/拔剑起舞，/项伯/亦/拔剑起舞，/常/以/身翼/蔽/沛公,/庄/不得击。///于是/张良/至/军门,/见/樊哙(kuài)。//樊哙曰:/"今日之事/何如?"/良曰:/"甚急!/今者/项庄/拔剑舞,/其意/常在沛公也。"/哙曰:/"此/迫矣!/臣/请入,/与/之/同命。"//哙/即/带剑拥盾/入军门。//交戟(jǐ)之卫士/欲止/不内(nà),//樊哙/侧其盾/以撞,/卫士/仆地,/哙/遂入,/披帷/西向立,/瞋(chēn)目/视/项王,/头发/上指,/目眦(zì)尽裂。//项王/按剑/而/跽(jì)曰:/"客/何为者?"//张良曰:/"沛公/之/参乘(chéng)/樊哙者也。"//项王曰:/"壮士,/赐之卮(zhī)酒。"//则/与/斗(dǒu)卮酒。//哙/拜谢,/起,/立而饮之。//项王曰:/"赐之彘(zhì)肩。"//则/与/一/生彘肩。//樊哙/覆其盾/于地,/加彘/肩上,/拔剑/切/而/啖(dàn)之。//项王曰:/"壮士!/能/复饮乎?"//樊哙曰:/"臣/死且不避,/卮酒/安足辞!/夫(fú)/秦王/有虎狼之心,/杀人/如不能举,/刑人/如恐不胜,/天下/皆/叛之。//怀王/与/诸将约/曰:/'先/破秦入咸阳者/王之。'//今/沛公/先破秦入咸阳,/毫毛/不敢有所近,/封闭/宫室,/还军/霸上,/以/待/大王来。//故/遣将守关者,/备/他盗出入/与/非常也。//劳苦而功高/如此,/未有/封侯之赏,/而/听细说,/欲诛/有功之人。//此/亡秦之续耳,//窃/为/大王不取也。"//项王/未有以应,/曰:/"坐。"//樊哙/从/良/坐。///坐/须臾,/沛公/起/如厕,/因招/樊哙/出。(《项羽本纪·鸿门宴》)

【注释】1. 即日：当天。2. 东向坐：面朝东坐，表示尊贵。3. 目：用眼色示意。4. 玦：环形而有缺口的佩玉。5. 三：多次。6. 忍：狠心。7. 若：汝、你。8. 不者：不然的话，不，同"否"。9. 若属：你们这些人。10. 且：将。11. 为所虏：被他俘虏。12. 翼蔽：遮蔽、掩护。13. 与之同命：与沛公共生死。14. 拥：抱、持。15. 交戟：把戟交叉起来。16. 仆：倒下。17. 披：分开。18. 瞋目：睁大眼睛。19. 眦：眼眶。20. 跽：挺直上身跪起来。古人席地而坐时臀部压在小腿上，挺直上身就显得身子长了。21. 参乘：即"骖乘"，古代主将战车上居于右侧担任护卫的武士。22. 斗：古代盛酒器。23. 彘肩：猪腿。24. 生：不熟。25. 啖：吃。26. 举：尽。27. 刑人：给人用刑。28. 胜：尽、极。29. 细说：指小人的谗言。30. 如厕：上厕所。"如"，往。

【串译】项羽当天就趁此机会留刘邦同他饮酒。项羽、项伯面向东坐，亚父面向南坐。亚父就是范增。刘邦面向北坐，张良面向西陪坐。范增多次使眼色给项羽，举起他所佩带的玉玦向其示意，项羽没有反应。范增站起来，出去叫来项庄，对项庄说："君王为人心肠太软，不忍下手，你进去上前祝酒，祝完酒，请求舞剑助兴，顺便把刘邦击倒在座位上，杀掉他。不然的话，你们都将成为他的俘虏。"项庄进去祝酒。祝完酒说："君王和沛公饮酒，军营里没有什么可以用来娱乐的，请让我舞剑助兴吧。"项羽说："好。"项庄就拔出剑舞起来，项伯也拔出剑舞起来，并常常用自己的身体掩护刘邦，项庄始终得不到机会刺杀刘邦。张良到军门外去见樊哙。樊哙说："今天的事情怎样？"张良说："非常危急！现在项庄拔剑起舞，他的用意在沛公身上。"樊哙说："这太紧迫了！请让我进去守卫在沛公身旁，竭力保护他。"樊哙就带着剑拿着盾牌进入军门。拿戟交叉守卫军门的士兵想不让他进去,樊哙侧举盾牌一撞,卫士跌倒在地上,樊哙就进去了,揭开帷幕面向西站立,瞪眼看着项羽,头发直竖起来,眼眶都要裂开了。项羽手握剑柄跪直身子说:"客人是干什么的?"张良说:"他是沛公的卫士樊哙。"项羽说:"壮士!赏他一杯酒。"左右给他一大杯酒。樊哙拜谢,立起,站着把酒喝了。项羽说:"赏给他一只猪腿。"左右又给了他一只半生的猪腿。樊哙把盾牌反扣在地上,把猪腿放在盾牌上,拔出剑切着吃起来。项羽说:"壮士!能再喝杯酒吗?"樊哙说:"我死尚且不怕,一杯酒又哪里值得推辞!那秦王有像虎狼一样凶狠的心肠,杀人唯恐不能杀尽,处罚人唯恐不能用尽酷刑,因此天下老百姓都背叛了他。楚怀王曾经和诸将领约定:先打败秦军进入咸阳的是关中王。现在我主先打败秦军进入咸阳,一丝一毫都不敢占有动用,封闭了宫室,退军驻扎霸上,等待大王到来,特意派遣将士把守函谷关,是为了防备其他盗贼出入和发生意外。这样劳苦功高,没有封侯的赏赐,反而听信小人谗言,要杀有功劳的人,这是灭亡的秦朝的后续啊,我认为大王不应该采取这样的做法。"项羽没有回答,说:"坐吧。"樊哙便挨着张良坐下。坐了一会儿,刘邦起身上厕所,顺便招呼樊哙一道出去。

【诵读提示】《项羽本纪》是《史记》中最出色的篇章。《鸿门宴》又是《项羽本纪》中重要而又精彩的段落,它不仅标志着项羽悲剧命运的重要开端,也记载着秦末历史转折的关键性一幕。此篇节奏发展得快,气氛变化也快,刀光剑影,寒气逼人。

文章大致可分为四个层次:第一层:范增举玦;第二层:项庄舞剑;第三层:樊哙闯帐;第四层:樊哙力斥。第一层,范增是项羽的亚父、谋士,他的举动应表现出老谋深算的洞察力。范增蓄意杀死刘邦,始而"数目项王,举所佩玉以示之者三",继而命项庄舞剑,使气氛越来越紧张。诵读在此应掀起第一拨高潮。范增对项庄的话道出了击杀刘邦的利害攸关,语流中应体现出狡诈、阴险、毒恶的人物性格。第二层,项庄进得帐来舞剑,项伯以身遮护刘邦。以动作描述为主。这一段的诵读语速可稍快,声音在高位运行,气口可多加急气和促气,表现出席间的紧张刺激、剑拔弩张的气氛。第三层,老练多谋的张良招武士樊哙闯帐入场,喝酒吃肉,并以一番话对项羽进行说服,说得项羽"未有以应",反而赐座。樊哙是刘邦的参乘、武士,本无资格与会,得知刘邦有险,才闯关折将上堂。项羽得知他的身份后,借赐酒缓和气氛。樊哙忠勇护主,不仅合乎礼法,而且忍辱吃了生彘肩。表现樊哙"闯帐"的语气要硬朗、蛮强,喝酒吃肉的细节要表现得义气、勇敢,樊哙的话语要表现出忠勇、豪爽的性格特点。到了第四层,宴会斗争中的高潮趋于缓和,刘邦招樊哙离座如厕逃席而去,暂时摆脱危急之境,诵读语气由紧张恢复平徐舒缓,语速也可减慢,如同长舒一口气。

项王/乃欲/东渡/乌江。//乌江亭长/檥(yǐ)船待,/谓/项王/曰:"江东虽小,/地方千里,/众/数十万人,/亦足/王(wàng)也。/愿/大王急渡。/今/独臣/有船,/汉军/至,/无/以渡。"//项王/笑曰:"天之亡我,/我何渡为!/且/籍/与/江东子弟八千人/渡江而西,/今/无一人还,/纵/江东父兄/怜而王我,/我/何/面目/见之?/纵/彼/不言,/籍/独/不/愧于心乎?"//乃/谓/亭长/曰:"吾/知/公/长者。/吾/骑此马/五岁,/所当无敌,/尝/一日行千里,/不忍杀之,/以/赐公。"///乃令/骑(jì)/皆/下马步行,/持/短兵/接战。/独/籍/所杀汉军/数百人。//项王/身/亦/被十余创(chuāng)。/顾见/汉骑(jì)/司马吕马童,/曰:"若非/吾/故人乎?"//马童/面之,/指/王翳(jiǎn)/曰:"此/项王/也。"//项王/乃曰:"吾/闻/汉/购/我头/千金,/邑万户,/吾为/若德。"///乃/自刎/而死。(《项羽本纪》)

【注释】1.亭长:乡官。2.檥:整船靠岸。3.江东:指今长江下游南岸的江苏、安徽地区,与古代的"江西"相对,是项羽起兵的地方。4.何渡为:还渡江干什么。5.以赐公:把它送给您。以,介词,后面省略宾语"之"(它,指马)。6.被:遭受。7.故人:旧友。8.面之:跟项王面对面。9.购:悬赏征求。10.为若德:送给你点儿好处。若,你。德,恩德。

【串译】项羽于是就想东渡乌江。乌江亭长把船停靠在岸边等候项羽,对项羽说:"江东虽小,土地千里,民众数十万,也足够称王的。希望大王急速过江。现在只有我有船,汉军即使追到这里,也没有什么办法渡江。"项羽笑道:"上天既然要灭亡我,我为什么还要渡江呢?况且我项羽当初带领江东子弟八千人渡过乌江向西挺进,现在无一人生还。即使江东的父老兄弟爱戴我而拥我为王,我还有什么脸面去见他们? 即使他们不说什么,我难道不在心里感到惭愧吗?"于是对亭长说:"我知道您是年高有德的人。我骑这匹马五年了,所遇到的都没有对手,曾经日行千里,不忍心杀掉它,把它赠给你吧!"于是命令骑兵都下马步行,手持短小轻便武器交战。仅他自己就杀了汉军几百人,项王自身也受了十几处伤。回头看见汉军骑兵中的司马吕马童(原是项羽部将,此时已背楚归汉)说:"你不是我的老朋友吗?"吕马童面对着项羽,指示给王翳说:"这就是项羽。"项羽便说道:"我听说汉王拿一千两黄金、一万户封邑悬赏征求我的人头,我就给你一点好处吧。"说罢就割颈自杀了。

【诵读提示】这里选用的是《项羽本纪》的第六部分:项羽之死。其中叙述与人物对话相间,以人物对话为主。自"乌江亭长檥船待"至"汉军至,无以渡"为第一层次,表现的是乌江亭长对项羽的"规劝",希望他重整旗鼓,东山再起。乌江亭长的这段话可看作是普通民众对英雄的仰慕和期待,并无恶意,因此诵读语态要平稳真挚。自"项王笑曰"至"不忍杀之,以赐公"为第二层次,写的是项羽对乌江亭长的两段话:第一段话说的是天要亡我,想回到江东,也无颜面见父老乡亲了。诵读这段话要表现项羽的"悔",这种"悔"既是时代决定的,也是他的性格所致。第二段写的是"赠马"。项羽所骑乌骓马日行千里,所当无敌,现虽兵败但不舍杀马,将马赠与乌江亭长是最佳选择。第一段话总结的是人生成败,第二段话说的是眼前困境,语气应现实一些,哀伤一些。从"乃令骑皆下马步行"至"乃自刎而死",主要写的是项羽等与汉兵短兵相接之事,最后自刎乌江。这一段要表现出项羽在最后关头即使身赴死境也毫无惧焉的大丈夫铮铮气节,话语里应充盈着豪雄壮气。李清照有诗云"生当作人杰,死亦为鬼雄。至今思项羽,不肯过江东。"结句"乃自刎而死"的语势强而有力,气要顶得住,声要站得稳,顿挫应体现出动作的痕迹。

太史公/曰,/《诗》/有之:/"高山/仰止,/景行/行止。"/虽/不能/至,/然/心向往之。//余/读/孔氏书,/想见/其/为人。//适鲁,/观/仲尼/庙堂/车服/

礼器,/诸生/以/时习礼其家,/余祗(zhǐ)回留之/不能去/云。//天下/君王至于贤人/众矣,/当时/则荣,/没(mò)时/已焉。//孔子布衣,/传十余世,/学者宗之。/自/天子王侯,/中国/言六艺者/折中/于/夫子,//可谓/至圣/矣!(《孔子世家》)

【串译】太史公说,《诗经》有这样的话:"巍峨的高山令人仰望,宽阔的大路让人行走。"尽管我不能回到孔子的时代,然而内心非常向往。我阅读孔氏书籍,可以想见他的为人。去到鲁地,观看仲尼的宗庙厅堂、车辆服装、礼乐器物,儒生们按时在孔子故居演习礼仪,我流连忘返以至于留在那里无法离去。天下从君王直至贤人很多很多,生前都荣耀一时,死后也就完了。孔子是个平民,传世十几代,学者尊崇他。上自天子王侯,中原凡是讲习六经的人都要以孔子为标准来判断是非,可说他是至高无上的圣人了!

【诵读提示】此则是司马迁以"太史公"的口吻极赞孔子的话,原文在《孔子世家》的结尾。"《诗》有之:'高山仰止,景行行止。'虽不能至,然心向往之",为第一层。以《诗经·小雅·车辖》里最后一节的诗句表达自己对孔氏家族的敬仰崇拜。此句的诵读要有"四句歌行"的感觉,可试着"唱诵"。第二层从"余读孔氏书"至"余祗回留之不能去云",说的是作者对孔子、孔氏家族的具体感受和印象,先读其书,再参观考察,竟使作者流连忘返以至于留在那里无法离去,说明作者对往圣先贤及传统文化的景仰。此段的诵读要善于"写实",把握作者的行踪及行为轨迹,语调也要沉实。从"天下君王至于贤人众矣"到结尾,是第三层,感慨孔子的伟大和圣贤。起于布衣,薪传十代,光宗耀祖。

此段要歌功颂德般地"盛赞","情点"要浓,"气点"要深,声线可"高",使用总结式、扬亢型的语态。

陈胜/者,/阳城人/也,/字/涉。//吴广/者,/阳夏人/也,/字/叔。//陈涉/少时,/尝/与人/佣耕,/辍(chuò)耕/之/垄上,/怅恨久之,/曰:"苟/富贵,/无/相忘。"//庸者/笑而应曰:"若/为/庸耕,/何/富贵也?"//陈涉/太息曰:"嗟(jiē)乎,/燕雀/安知/鸿鹄(hú)之志/哉!"//

二世/元年七月,/发/闾左/適(zhé)戍/渔阳,/九百人/屯/大泽乡。//陈胜、吴广/皆/次/当行(háng),/为/屯长。//会/天大雨,/道不通,/度(duó)/已失期。/失期,/法/皆斩。//陈胜、吴广/乃/谋曰:"今/亡亦死,/举大计/亦死,/等死,/死国/可乎?"//陈胜曰:"天下苦秦/久矣。//吾闻/二世少子/也,/不/当立,/当立者/乃/公子扶苏。/扶苏/以/数(shuò)谏/故,/上/使/外将(jiàng)兵。/今/或闻无罪,/二世/杀之。/百姓/多/闻其贤,/未知/其死也。/项燕/为/楚将,/数有功,/爱士卒,/楚人/怜之。/或/以为死,/或/以为亡。//今/诚以/吾众/诈自称/公子扶苏、/项燕,/为/天下/唱,/宜/多应者。"//吴广/以为然。/乃/行卜。//卜者/知其/指意,/曰:"足下/事/皆成,/有功。//然/足下/卜之鬼乎!"//陈胜、吴广/喜,/念鬼,/曰:"此/教我/先威众/耳。//乃/丹/书帛（bó）曰"陈胜/王（wàng）",/置人/所/罾（zēng）/鱼腹中。//卒/买鱼烹食,/得/鱼腹中/书,/固以怪之矣。//又/间（jiàn）令/吴广/之/次所旁/丛祠中,/夜/篝火,/狐鸣呼曰"大楚/兴,/陈胜/王"。/卒/皆/夜惊恐。//旦日,/卒/中/往往语（yù）,/皆/指目/陈胜。//(《陈涉世家》)

【注释】1.尝:曾经。2.佣耕:被雇用去给人耕田。3.辍:停止。4.之:往。5.苟:如果。6.无:通"毋",不要。7.庸:同"佣",被雇用的人。8.若:你。9.太息:长叹。10.嗟乎:感叹的声音,相当于今语"唉"。11.燕雀:泛指小鸟,比喻见识短浅的人。12.鸿鹄:大雁、天鹅比喻志向远大的人。13.闾左:秦时贵右贱左,富者居住在闾右,贫者居在闾左。14.谪:因有罪被发遣。15.屯:驻扎。16.皆次当行:按照征发的编排次序,都应当前往。17.会:正赶上。18.度:估计。19.失期:误期,过了期限。20.亡:逃亡。21.大计:干大事,指起义。22.等死:同样是死。23.死国:为国家大事而死。24.苦秦:"苦于秦",受秦统治之苦。25.少子:小儿子。26.立:立为皇帝。27.数谏:屡次进谏。28.故:缘故。29.上:指秦始皇。30.将兵:统率军队。指扶苏奉秦始皇之命和蒙恬一起领兵北防匈奴。31.或闻:有人听说。公元前210年秦始皇东巡病死于巨鹿,胡亥勾结宦官赵高、丞相李斯伪造遗诏,逼扶苏自杀。32.怜之:爱戴他。怜,爱。33.诚:假如。34.诈:假托。35.唱:同"倡",倡导、号召。36.宜:应该。37.然:对。38.行卜:去占卦。39.指意:意图。指,同"旨"。40.念鬼:思索"卜之鬼"的意思。41.威众:指在群众中取得威信。42.丹书帛:即"以丹书于帛",用朱砂在白绸子上写。

43. 书：写。44. 罾：渔网。用渔网捕到。45. 以：同"已"。46. 次所：行军时临时驻扎的地方。47. 丛祠：树木隐蔽的庙。48. 篝火：在竹笼里点着火。篝，竹笼，这里作动词用。49. 狐鸣：假装狐狸叫。50. 旦日：明天。51. 往往：常常、到处。52. 指目：指着看。目，这里作动词用，注视。

【串译】陈胜是阳城人，字涉。吴广是阳夏人，字叔。陈涉年轻时曾经同别人一道被人家雇佣耕地。有一次他停止耕作走到田畔高地上休息，因失望而叹恨了好久说："倘使有一天富贵了，彼此都不要忘记。"雇工们笑着回答："你是被雇佣耕地的人，怎么会富贵呢？"陈胜长叹一声说："唉，燕雀怎么知道鸿鹄的志向呢！"

公元前209年7月，朝廷征发贫苦百姓戍守渔阳，去戍守的人临时停驻在大泽乡。陈胜、吴广都被编入戍守的队伍，并担任戍守队伍的小头目。恰巧遇到天下大雨，道路不通，已经误了期限。误了期限，按照秦王朝的法律都要被杀头。陈胜、吴广就商量说："现在逃跑是死，发动起义也是死，同样是死，为国事而死好吗？"陈胜说："全国百姓苦于秦朝统治已经很久了。我听说秦二世是秦始皇最小的儿子，不应当继位做皇帝，继位的应该是公子扶苏。扶苏因为多次劝说秦始皇的缘故，皇上派他在外面带兵。现在有人听说，扶苏没有罪，二世却把他杀了。百姓们大多听说扶苏很贤明，但不知他已经死了。项燕是楚国大将，多次立下战功又爱怜士兵，楚国人很爱戴他。有人认为他死了，有人认为他逃跑了。如果我们现在假称公子扶苏和大将项燕的队伍，倡导天下反秦，应当有很多响应的人。"吴广认为他讲得很对。于是就去占卜。占卜的人知道他们的意图后说："你们要做的事都能成功，并且将会建功立业。然而你们还是把事情向鬼神问一下吧！"陈胜、吴广听了很高兴，考虑占卜人所说的卜鬼这件事的用意说："这是教我们先在群众中取得威信。"于是他们用丹砂在绸子上写了"陈胜王"三个字,放在别人所捕的鱼肚子里,士兵们买鱼煮了吃,发现鱼肚子里绸子上写的字,自然就诧异于这件事了。陈胜又暗中让吴广到驻地旁的丛林神庙中,夜里用竹笼罩着火装作鬼火,又发出狐狸嗥叫的凄厉声音向士兵们喊道:"大楚复兴,陈胜当王。"士兵们夜里都很害怕。第二天,士兵们到处谈论晚上发生的事,指指点点,互相以目示意陈胜。

【诵读提示】《陈涉世家》是《史记·世家》中的第十八篇,是秦末农民起义领袖陈胜、吴广的传记。陈胜首事反秦,功大,故入"世家"。本文节选的是《史记·陈涉世家》前半部分的两段,主要叙述陈胜发动起义的经过。文章属于传记体裁,着眼于表现陈胜在反对秦王朝暴政斗争的关键时刻所发挥的重要作用,以显示他洞察时局的能力和卓越的组织领导才干。作者善于把握历史事件的发展进程,又善于运用语言描写、动作神态描写等多种技巧来塑造人物形象,从而生动真实地再现了这一场伟大斗争的图景。

文中主要形象是陈胜,分两大段围绕陈胜来写。第一自然段写陈胜年轻时不甘心受人奴役,同情与自己同命运的人,从"怅恨久之"可以看出,他是在痛苦中思考如何改变这种受压迫受奴役的地位,因此才对众佣者说:"苟富贵,无相忘。"当众佣者表示不理解时,他又进一步说道:"嗟乎,燕雀安知鸿鹄之志哉!"这一段的诵读要反映出陈胜当时已有非凡的抱负,有反抗命运的决心,只是要等待时机到来后再施展自己的才能。第二自然段写的是树起义旗的经过,人物语言较多,应符合人物的特定身份。诵读者应反映出陈胜、吴广的过人胆识和智慧。语速不用过快,情绪不必偏激,叙述中应表现出典型的历史环境。诵读时还应对陈胜、吴广的使用计谋有所侧重,说明两位义军领袖的智慧和胆识。

知识链接

司马迁:(前145—前?),西汉史学家、文学家,陕西韩城人。10岁起学习古文书传,20岁从长安南下漫游。不久仕为郎中,成为汉武帝的侍卫和扈从。后继承其父司马谈之职任太史令,掌管天文历法及皇家图籍,因而得读史官所藏图书,此后开始撰写《史记》。后因替投降匈奴的李陵辩护,获罪下狱受腐刑。出狱后继续发愤著书,终"以究天人之际,通古今之变,成一家之言",完成中国第一部纪传体通史——《史记》。

《史记》:原名《太史公书》,开创了纪传体和书表的编写体例。全书一百三十篇,包括十二本纪、十表、八书、三十世家、七十列传五个部分,共五十二万字,记载了从黄帝到汉武帝长达三千年政治、经济和文化的历史,全面而深刻地反映了我国古代的社会面貌,对后世史学研究有深远影响。《史记》也是古代散文史上的一座丰碑,唐宋以后的古文家皆将其作为写作的楷模,后来的戏曲、小说从中吸取了大量创作素材,至于作者"发愤著书"的精神,更成为优良民族传统一直保存下来。鲁迅誉之为"史家之绝唱,无韵之《离骚》"。

淮南子(四则)

昔者/共工/与/颛(zhuān)项(xū)/争为帝,/怒而/触/不周之山。//天柱/折,/地维/绝。//天倾西北,/故/日月星辰/移焉;/地/不满东南,/故/水潦(lǎo)/尘埃/归焉。(《天文训·共工怒触不周山》)

【注释】1. 昔者：从前。2. 共工：部落领袖、炎帝后代，对农耕很重视，尤其是水利，发明了筑堤蓄水的办法。3. 颛顼：黄帝的孙子，有智谋，在民众中有很高的威信。4. 不周山：今昆仑山。5. 维：大绳子。6. 绝：断。7. 焉：这里。8. 潦：积水。

【串译】从前共工与颛顼争做皇帝（共工惨败），愤怒地撞击不周山。支撑着天的大柱子折断了，拴系着地的大绳子也断了，天向西北方向倾斜，日、月、星辰都向这里移动；地向东南方向下陷，所以江河道路上的流水尘埃都在这里汇集。

【诵读提示】这则故事描写的是共工与颛顼争帝，结果共工怒触不周山。第一句只是一般性的交代，"昔者"表现出"远古"的时间概念即可，是回忆语态。"昔"字音可以拉长，"者"字后加气口和顿挫。从"天柱折"开始就进入描写状态，表述应有所夸饰和渲染，将天地倾斜、错位的严重性尽量体现出来。结尾的语势应呈"开放"态势，给人以想象的空间。

往古之时，/四极/废，/九州/裂，/天/不兼覆，/地/不周载；//火/爁（làn）焱（yàn）而/不灭，/水/浩洋/而/不息，/猛兽/食/颛（zhuān）民，/鸷（zhì）鸟/攫/老弱。//于是，女娲/炼五色石/以/补苍天，/断鳌（áo）足/以/立四极，/杀/黑龙/以/济冀州，/积芦灰/以/止淫水。//苍天补，/四极正；/淫水涸，/冀州平；/狡虫死，/颛民生。（《览冥训·女娲补天》）

【注释】1. 女娲：传说伏羲氏的妹妹，用黄土做人创造了人类。2. 四极：传说天四边有四根柱子撑着，叫"四极"。3. 废：

坏,这里指柱子折断,天塌下来。4.爁焱:大火燃烧。5.颛:善良的。6.鸷鸟:凶猛的禽鸟。7.攫:抓取。8.济:救助。9.冀州:古九州之一,代指中国。10.淫水:泛滥的洪水。11.狡虫:指恶禽猛兽。12.涸:干枯,这里指洪水消退。13.息:止。14.积:积聚。

【串译】远古的时候,支撑天地四方的四根柱子坍塌了,九州大地开裂,天不能覆盖万物,地不能容载万物;火势蔓延而不能熄灭,水势浩大而不能停止;凶猛的野兽吃掉善良的百姓,凶猛的禽鸟用爪子抓取老人和小孩。于是,女娲冶炼五色石来修补苍天,砍断海中巨龟的脚来做撑起四方的柱子,杀死黑龙来拯救中国,用芦灰来堵塞洪水。天空被修补了,天地四方的柱子重新竖立起来;洪水退去,中华大地恢复了平静;凶猛的鸟兽都死了,善良的百姓存活下来。

【诵读提示】这则故事为三段体式:第一段承"共工怒触不周山"的结果,极力渲染出"四极废,九州裂"的状况。第二段讲女娲炼石补天,以及断鳌足、杀黑龙、积芦灰,拯救人民于水火。语态要真诚、真切,热情赞颂。第三段写补天后的结果:"苍天补……颛民生。"语调可由前段的稍激稍强,下放至缓和、稳平态,以"天补""水涸""民生"为支点,将三个分句有机连接,表现大地周正,民生安息,一切复归平祥和谐。

逮(dài)至/尧/之时,/十日/并出,/焦/禾稼,/杀/草木,/而/民无所食。/猰(yà)貐(yǔ)、/凿齿、九婴、/大风、/封豨(xī)、/修蛇/皆为民害。//尧/乃使/羿(yì)/诛/凿齿/于/畴(chóu)华之野,/杀/九婴/于/凶水之上,/缴(zhuó)/大风/于/青丘之泽,/上射十日/而/下杀猰貐,/断/修蛇于洞庭,/擒/封豨于桑

林。//万民皆喜,//置/尧/以为天子。(《本经训·后羿射日》)

【串译】到了尧统治的时候,有十个太阳一同出来,灼热的阳光晒焦了庄稼,花草树木干死,老百姓连吃的东西都没有。猰貐、凿齿、九婴、大风、封豨、修蛇都来祸害人民。尧派后羿去为民除害,将凿齿诛杀在南方荒野,在北方凶水杀灭九婴,在东方大泽青丘雍和用系着丝绳的箭来射杀大风,射十个太阳(射下来九个),接着又杀死猰貐,在洞庭湖砍断修蛇,在中原一带桑林擒获封豨。民众都非常高兴,并推举尧为天子。

【诵读提示】这则故事分为三层:第一层写"十日并出"的危害,语态要有"为害之甚"的感觉。第二层是"尧帝命后羿平害",语态应有行动感,要真诛、真杀、真缴、真射、真断、真擒,表现后羿为民造福的勇猛和无畏,语势强而有力,坚定果敢。第三层就是民众喜而推举尧为天子,语调转而于喜悦状中结句。

近/塞上/之人,/有/善术者,/马/无故/亡而入胡。//人/皆吊之。//其父(fǔ)/曰:"此/何遽(jù)/不为福乎?"//居/数月,/其马/将(jiàng)/胡骏马/而归。/人皆贺之。/其父/曰:"此/何遽/不能为祸乎?"//家/富 良 马,/其/子/好 骑,/堕而/折 髀(bì)。/人皆吊之。/其父/曰:"此/何遽/不为福乎?"//居/一年,/胡人/大/入塞,/丁壮者/引弦而战。/近塞之人,/死者/十九。/此/独/以/跛(bǒ)之故,/父子相保。//故/福之为祸,/祸之为福,/化/不

可极,/深/不可测也。(《人间训·塞翁失马》)

【注释】1.塞上:指长城一带。2.善术者:精通术数、推测吉凶的人。3.亡:逃、跑。4.吊:对其不幸表示安慰。5.其父:即为上文中的"善术者"。父,老汉,古代对老年人的尊称。6.何遽:怎么就。7.居:经过。8.将:带领。9.髀:大腿。10.丁壮:壮年男子。11.引弦而战:拿起弓箭去打仗。12.十九:古义指十分之九。

【串译】靠近长城一带居住的人中,有位擅长推测吉凶的人。一次,他的马无缘无故跑到了胡人的住地。人们都来宽慰他。他却说:"这怎么就不能说是一件好事(福气)呢?"过了几个月,那匹马拐带着胡人的良马回来了。人们又都祝贺他。那人又说:"这怎么就不能说是一件坏事呢?"这位算卦人的家中有很多好马,他的儿子爱骑马,结果从马上掉下来摔断了大腿。人们又都前来慰问他。那人说:"这怎么就不能说是一件好事(福气)呢?"过了一年,胡人大举入侵边塞,壮年男子都拿起弓箭去作战。靠近长城一带的人大部分都死了。唯独这个老人的儿子因为腿瘸的缘故免于征战,父子俩得以保全。所以福变成祸,祸变成福,变化无法研究得透彻,深得无法测量啊。

【诵读提示】这则故事告诉我们:人世间的好事与坏事都不是绝对的,在一定的条件下坏事可以引出好的结果,好事也可能会引出坏的结果。自"近塞上之人"至"父子相保"应立足于"讲故事"。从"丢马"到"拐马",再从"坠马"到最后的"父子相保",表现的是老者的生活经验和智慧。三个问句语势要呈下滑趋势,表示对于事情的肯定。最后一个拖长的"故"字引发出良多感慨,也蕴涵并昭示着事情发展的辩证逻辑关系。正如《老子》五十八章所说的:"祸兮福之所倚,福兮祸之所伏。"前面所讲的故事就是为此句做铺垫的,所以此句应体现出理性概括的色彩和味道。

> **知识链接**
>
> 《淮南子》:西汉淮南王刘安招致宾客编写,现存二十一篇。内容将道、阴阳、墨、法和一部分儒家思想糅合起来,主要宗旨倾向于道家。《汉书·艺文志》将它列入杂家。刘安是汉高祖刘邦的孙子,袭封淮南王。

新序(一则)

刘 向

叶公子高/好龙,/钩以/写龙,/凿以/写龙,/屋室/雕文以写龙。//于是/天龙/闻而下之,/窥头/于牖(yǒu),/施(yì)尾/于堂。//叶公/见之,/弃而还(huán)走,/失其魂魄,/五色无主。//是/叶公/非/好龙也,/好/夫(fú)/似龙而非龙者也。(《杂事五·叶公好龙》)

【注释】1. 写:用刀、笔刻画。2. 窥:窥伺、偷看。3. 牖:窗户。4. 施:拖。5. 还走:掉头就跑。

【串译】叶公子高很喜欢龙,衣服上的带钩刻着龙,酒壶、酒杯上刻着龙,房檐屋栋上雕刻着龙的花纹图案。天上的真龙知道后,便从天上下降到叶公家里,龙头搭在窗台上探望,龙尾伸进了大厅。叶公一看是真龙吓得转身就跑,好像掉了魂似的,脸色骤变,简直不能控制自己。叶公并非真的喜欢龙啊,他所喜欢的只不过是那些似龙非龙的东西罢了!

【诵读提示】这则故事用生动的比喻讽刺了叶公式的人物,揭露了他们只唱高调、不务实际的坏习气、坏作风。语态以讥讽为主调。"钩以写龙,凿以写龙,屋室雕文以写龙"句语态可适当夸张,体现出叶公的"喜好",语速可缓慢行进,表现其悠然自得状。龙真的出现了,又要表现出叶公的"怕"和"逃"。语速转急而紧,音调转高而迫。最后"是叶公非好龙也,好夫似龙而非龙者也"是结论,要以肯定语气揭示寓言的哲理。

说苑(一则)

刘向

晋平公/问于/师旷曰:/"吾/年/七十,/欲学,/恐/已暮矣。"//师旷曰:/"何不/炳烛乎?"//平公曰:/"安有/为人臣/而/戏其君乎?"//师旷曰:/"盲臣/安敢/戏其君乎?//臣闻之,/少而好学/如日/出之阳;/壮而好学/如/日中之光;/老而好学/如/炳烛之明。/炳烛之明/孰与/昧(mèi)行乎?"//平公曰:/"善哉!"(《建本·炳烛而学》)

【注释】1.晋平公:春秋时晋国国君。2.欲:想要。3.暮:晚。4.何:为什么。5.炳烛:点燃蜡烛照明。6.乎:呢。7.安有:哪有。8.为人臣:做臣子的。9.戏:戏弄。10.盲臣:师旷是盲人,故自称

"盲臣"。11. 安敢:怎敢。12. 好:喜欢、喜好。13. 阳:阳光。14. 孰与昧行乎:比摸黑走路哪个好呢?

【串译】晋平公问师旷说:"我年近七十想要学习,恐怕已经晚了。"师旷回答说:"为什么不点燃蜡烛照明而学?"平公说:"哪有做臣子的戏弄君主的呢?"师旷回答说:"我怎敢戏弄我的君主呢? 我听说:年少时喜欢学习,好像是太阳刚刚出来时的阳光;壮年时喜欢学习,好像是正午的阳光;老年时喜欢学习,好像是点燃蜡烛照明时的光亮。点燃蜡烛照明,比摸黑走路哪个好呢?"平公说:"好啊!"

【诵读提示】这则故事以对话构成主体,师旷的说项是大臣对主子的劝诫和启发,语锋不可太冲,语调不能过高,应流露出臣对君谦卑、谨慎的语态。但师旷的话又是真理,所以也不能处理成惧怕,坦然地表述即可,重点应突出第三个比喻:老人"炳烛之明"总比摸黑走路好啊。

知识链接

刘向:(前77—前6),西汉经学家、目录学家、文学家。成帝时所撰《别录》为我国目录学之祖。曾治《春秋谷梁传》,今存《新序》《说苑》《列女传》等书。

《新序》:原本三十卷,至北宋经曾巩搜集整理为十卷,采集舜禹时代至汉代的史事和传说,分类编纂,所记史事与《左传》《战国策》《史记》等颇有出入。

《说苑》:刘向校书时根据皇家藏书和民间图籍,按类编辑的先秦至西汉的一些历史故事和传说,其中夹有作者的议论,又借题发挥了儒家的政治思想和道德观念,带有一定的哲理性。

过秦论（节选）
贾谊

始皇/既没,/余威/震于殊俗。//然/陈涉,/瓮(wèng)牖(yǒu)绳枢(shū)之子,/氓(méng)隶之人,/而/迁徙(xǐ)之徒也;/才能/不及中人,/非/有/仲尼、/墨翟(dí)/之贤,/陶朱、/猗(yī)顿/之富;/蹑足/行(háng)伍之间,/而/倔起/阡陌之中,/率/疲弊之卒,/将/数百之众,/转而攻秦,/斩木/为兵,/揭竿/为旗,/天下/云集而响应,/赢粮/而/景(yǐng)从。//山东豪俊/遂/并起/而/亡/秦族矣。//

且夫(fú)/天下/非/小弱也,/雍州之地,/崤函之固,/自若也。//陈涉之位,/非/尊于/齐、楚、燕、赵、韩、魏、宋、卫、中山之君也;/锄耰(yōu)棘(jí)矜(qín),/非/铦(xiān)于/句戟长铩(shā)也;/谪(zhé)戍之众,/非/抗于九国之师也;/深谋远虑,/行军用兵之道,/非/及/向时之士也。//然而/成败异变,/功业相反也。//试使/山东之国与陈涉/度(duó)长絜(xié)大,/比权量力,/则/不可/同年而语矣/。/然/秦/以/区区之地,/致/千乘(shèng)之权,/招/八州而朝(cháo)同列,/百有余年矣。//然后/以/六合为家,/崤函为宫。//一夫作难(nàn)/而/七庙隳,/身死人手,/为/天下笑者,/何也？///仁义不施,/而/攻守之势/异也!

【注释】1.殊俗:不同风俗的地方。2.瓮牖绳枢:以破瓮做窗户,用绳索系门轴。3.氓隶:出劳动力的农民。4.迁徙之徒:被征发服役的人。5.中人:平常人。6.仲尼:孔子。7.墨翟:墨子。8.陶朱:范蠡,春秋时越人,帮助越王勾践灭吴后到定陶经商,自称陶朱公。9.猗顿:春秋时鲁人,著名富商。10.蹑足:犹"出身于"。11.行伍:指军队。12.倔起:指首先举起义旗。倔,同"崛"。13.揭:举。14.赢粮:担粮。15.景从:如影随形般跟从。景,同"影"。16.自若:如故。17.锄耰棘矜:泛指起义军的粗笨武器。18.铦:锋利。19.句戟:带钩的戟。句,同"钩"。20.长铩:长矛一类的武器。21.谪戍句:因罪被贬谪戍边的人,并不比九国的军队强大。22.向时之士:先前六国的贤能之士。23.度长絜大:比量长短大小。絜:衡量。24."然秦"句:都是说秦国国小力单。25.千乘之权:指中等实力之国。按周制,天子地方千里,兵车万乘;诸侯地方百里,兵车千乘。26.八州:古时天下分为九州,秦据雍州,其他六国分居八州。朝:使来朝。同列:指原先与秦平等的六国。27.一夫作难:指陈涉起义反秦。28.七庙隳:宗庙毁坏,即国家灭亡。

【串译】秦始皇去世之后,他的余威依然震慑着边远地区。陈涉不过是个用破瓮做窗户、用草绳做户枢的贫家子弟,是氓、隶一类的人,后来被征发服役;才能不如中等人,并没有孔丘、墨翟那样的贤德,也不像陶朱、猗顿那样富有。他跻身于戍卒队伍,从田野间突然奋起发难,率领疲惫无力的士兵,指挥几百人的队伍,掉转头来进攻秦国,砍下树木做武器,举起竹竿当旗帜,天下人如云一样聚集起来应和他,都带着粮食,影子似的跟着他。崤山以东的英雄豪杰于是一齐起事,消灭了秦王朝。

可以断言,一统天下的秦王朝并不是弱小得无力抵抗,雍州的地势、崤山和函谷关的险固还是从前那个样子。陈涉地位并不比齐、楚、燕、赵、韩、魏、宋、卫、中山的国君更尊贵;锄头木棍并不比钩戟长矛更锋利;服役三人的作战能力并不比九国部队更强;至于深谋远虑、行军用兵策略,陈涉也比不上九国的武将谋臣。可是条件好者失败,而条件差者成功,功业完全相反,为什么呢?假使拿山东诸国跟陈涉比一比权势力量,那简直是天壤之别。然而秦凭借着它的区区之地,发展到兵车万乘的国势,招致八州列国诸侯前来朝拜已有一百多年历史,然后将天下作为一家私产,用崤山、函谷关做宫墙。一个戍卒发难就毁掉了天子七庙,皇子皇孙都死在人家手里,被天下人耻笑,是什么原因呢?就因为不施行仁义而使攻守形势发生了变化啊。

【诵读提示】《过秦论》气势充沛,一气呵成,是古今第一篇气"盛"之大文。第一,《过秦论》虽是说理文,却用了十之七八的篇幅来叙事,用叙事来说理是本文最大特点。作者用短小的篇幅概括了从秦孝公到秦亡国一百多年的历史,说明了秦由盛而衰的全过程和主要现象,同时还贯穿了自己的观点,说明其兴衰的关键所在。第二,作者用对比的手法写出论点:秦国本身先强后弱、先盛后衰、先兴后亡的对比,秦与六国的对比,秦与陈涉的对比,陈涉与六国的对比。几种对比交织在一起,结构宏伟,气势磅礴,话语也显得更有分量。

此则节选了其中的两段。第一段写始皇死后,二世昏庸,陈胜等人揭竿而起,天下群起灭秦的局势。由于作者所处的历史地位和思想观念所限,不可能热情歌颂陈胜、吴广这样的农民起义英雄,只不过就事论事而已,所以诵读也应符合作品本身提供的基调和色彩。这一段基本是叙述,也是"举例",目的是为下面第二段的议论做铺垫。这个泱泱帝国怎么会在短短20年内土崩瓦解了呢?结论是"仁义不施"而使得攻守之势发生了变化。第二段的口气其实就是在为秦王朝的灭亡惋惜和感叹。五个"非"字的排列,"然而""试使""然""然后"几个转折副词的使用都说明了作者的这种恻隐之心。作者的出发点并非是严厉声讨秦王朝的暴政,而是站在封建王朝执政的立场上分析秦王朝的得失成败,给当世权力者以资鉴。"赋"是汉代的代表性文体,需要极度铺张和夸大。用写赋的手法来写说理散文,所谓"铺张扬厉",主要就是指此文中这一类句子。写起来气势充沛劲足,诵读者也容易感受到作者笔锋锐不可当,咄咄逼人,诵读时应有气魄,有说服力,有欲罢不能之感。

知识链接

贾谊:(前200—前168年),西汉初年著名政论家、文学家。20余岁时被文帝召为博士,不久被提为太中大夫。23岁时遭群臣忌恨,被贬为长沙太傅,后被召回长安,为梁怀王太傅。梁怀王坠马死后,贾谊深自歉疚,直至33岁忧伤而死。其著作主要有散文和辞赋两类。散文如《过秦论》《论积贮疏》《陈政事疏》等,辞赋如《吊屈原赋》《鵩鸟赋》等。历代名人如李白、刘长卿、李商隐、王安石、毛泽东等对贾谊都给予过高度评价。毛泽东在《七绝·贾谊》诗中写道:"贾生才调世无伦,哭泣情怀吊屈文。梁王堕马寻常事,何用哀伤付一生。"

诫子书

诸葛亮

夫(fú)/君子之行,/静/以/修身,/俭/以/养德。//非/澹(dàn)泊/无以/明志,/非/宁静/无以/致远。//夫/学/须静也,/才/须学也,/非学/无以/广才,/非志/无以/成学。/淫慢/不能/励精,/险躁/则/不能/治性。//年与时驰,/意与日去,/遂成枯落,/多不接世,/悲守穷庐,//将复/何及!

【串译】有道德修养的君子,其品行是这样修炼的:以静思反省来使自己尽善尽美,以俭朴节约来培养自己高尚的品德。不清心寡欲就不能使自己的志向明确坚定,不安定清静就不能实现远大理想。要学得真知必须使身心在宁静中研究,才能不断积累知识;如果不下苦功,学习就不能有所收获;如果没有坚定不移的意志,学业就不能成功。纵欲放荡、消极怠慢就不能勉励心志使精神振作;冒险草率、急躁不安就不能陶冶性情使节操高尚。如果年华与岁月虚度,意志与时日消磨,最终就会像枯枝落叶般一天天衰老下去,不会为社会所用,只有悲伤地困守在自己的穷家破舍里,到那时后悔也来不及了。

【诵读提示】此篇是诸葛亮54岁时写给8岁儿子诸葛瞻的,主旨是劝儿子勤学立志,从淡泊宁静中下功夫,这也是诸葛亮一生经历的总结。这里诸葛亮用的是"双重否定"句式,以强烈而委婉的语气表现了对儿子的无限期望。"澹泊以明志,宁静而志远"

中的"澹泊""宁静",不是不想有什么作为,而是在于强调通过学习"明志",树立远大的志向,待时机成熟就可以"致远",轰轰烈烈干一番事业。此时的诸葛亮已积劳成疾,对蜀汉天下鞠躬尽瘁后自知颓势已到,无力回天,黯然神伤,在此心境下自然就会想到叮嘱教化自己的儿子。通篇的诵读语气应是温婉而有力,深入而耐心,诱导而不失强达,循循而进,透出长者对晚辈的殷殷之爱和拳拳之心。"静""俭""澹薄""宁静"要"提溜"起来,给以必要的强调。"非学无以广才,非志无以成学","非学""非志"是辨证的统一,语态要表现出思辨味道。"非学""非志"的悲哀结局恸说一种假设,枉来一世、枉活一生将是多么可悲悔恨的事情啊!"将复何及"四字,道出作者心中积郁的感触,加重了通篇的分量,催人急省,振人奋进。两个"夫"字,虽都是句首发语词,但有大小之分,第一个处在文章的起始,应读得长些,第二个要短些。

知识链接

诸葛亮:(181—234),字孔明,号"卧龙居士"。蜀汉丞相、政治家、军事家、战略家。生于琅琊郡阳都县(今沂南县),8岁与姐弟跟随叔父到豫章赴任,后移居南阳。结庐襄阳隆中山隐居十年,广交江南名士,对天下形势了如指掌,人称"卧龙",其匡天下之志与智谋为大家公认。建安十二年,刘备三顾茅庐,问天下大计。诸葛亮出山后辅佐刘备,联孙抗曹,赤壁大败曹军,形成三国鼎足之势。建安二十六年,出任蜀汉丞相,主持朝政。刘备病危后主刘禅继位,被封为武乡侯,建立丞相府,处理日常事务。对外与东吴联盟,对内改善和西南各族关系,实行屯田,加强战备。蜀建兴十二年,终因积劳成疾,病逝于五丈原,终年54岁。

隆中对(节选)

诸葛亮

自/董卓已来,/豪杰并起,/跨州连郡者/不可胜数。//曹操/比于/袁绍,/则/名微而众寡,/然/操/遂能克绍,/以弱为强/者,/非/惟/天时,/抑亦/人谋也。/今/操/已拥/百万之众,/挟(xié)天子/而/令诸侯,/此/诚/不可与争锋。//孙权/据有江东,/已历/三世,/国险/而/民附,/贤能/为之用,/此/可以/为援/而/不可图也。///荆州/北据汉、沔(miǎn),/利尽南海,/东连吴会(kuài),/西通巴蜀,/此/用武之国,/而/其主/不能守,/此/殆(dài)/天所以资/将军,/将军/岂有意乎?//益州险塞,/沃野千里,/天府之土,/高祖/因之/以成帝业。//刘璋/暗弱,/张鲁/在北,/民殷国富/而/不知存恤(xù),/智能之士/思得明君。//将/军既/帝室之胄(zhòu),/信义/著于四海,/总揽英雄,/思贤如渴,//若/跨有荆、益,/保其岩阻,/西和诸戎(róng),/南抚夷越,/外/结好孙权,/内/修政理;/天下有变,/则命/一上将/将荆州之军/以向宛(yuān)、洛,/将军/身率/益州之众/出于/秦川,/百姓/孰敢/不/箪(dān)食(sì)壶浆以迎将军者乎?///诚/如/是,/则/霸业可成,/汉室可兴/矣。

【注释】1. 已来：已，通"以"，通假字。2. 众寡：人少，兵力薄弱。3. 非惟：不仅。4. 谋：筹划。5. 挟：挟持，控制。6. 诸侯：指当时割据一方的军阀。7. 国险而民附：地势险要，民众归附。8. 援：外援。9. 此用武之国：这是用兵之地。10. 殆：大概。11. 险塞：地势险要。12. 天府之土：指自然条件优越，物产丰饶，形势险固的地方。13. 因：依靠。14. 暗弱：昏庸懦弱。15. 殷：兴旺富裕。16. 存恤：爱抚、爱惜。17. 胄：后代。18. 著：显明。19. 总揽：广泛地罗致。20. 岩阻：指形势险要的地方。21. 修：治理。22. 政理：政治。23. 宛：楚国地名，秦昭襄王置县，治所在今南阳，秦以后每为南阳郡治所。24. 身：亲自。25. 向：奔向，向……进军。

【串译】自董卓篡权以来，各地豪杰纷纷起兵，占据几个州郡的数不胜数。曹操与袁绍相比，名声小，兵力少，但是曹操能够战胜袁绍，从弱小变为强大，不仅是时机好，也是人的谋划得当。现在曹操已拥有百万大军，挟持皇帝来号令诸侯，这时的确不能与他争雄。孙权占据江东，已经历三代，地势险要，民众归附，有才能的人被他重用，孙权这方面只可以结他为外援，而不可谋取他。荆州的北面控制汉、沔二水，一直到南海的物资都能得到，东面连接吴郡和会稽郡，西边直通巴、蜀二郡，这是兵家必争的地方，但是刘表不能守住此地，这地方大概是老天用来帮助将军的，将军难道没有夺取它的意思吗？益州有险要的关塞，有广阔肥沃的土地，是自然条件优越、物产丰饶、形势险固的地方，高祖就是凭着这个地方而成就帝业的。益州牧刘璋昏庸懦弱，张鲁在北面占据汉中，人民兴旺富裕、国家强盛，但他不知道爱惜人民，有智谋才能的人都想得到贤明的君主。将军您既然是汉朝皇帝的后代，威信和义气闻名于天下，广泛地招揽英雄，想得到贤才如同口渴一般，如果占据荆州、益州，凭借两州险要的地势,西面与各族和好,南面安抚各族,对外与孙权结成联盟,对内改善国家政治;天下形势如果发生了有利的变化,就派一名上等将军率领荆州军队向南阳、洛阳进军,将军您亲自率领益州军队出击秦川,老百姓谁敢不用箪盛着饭食、用壶装着酒浆来迎接将军您呢? 如果真的做到这样,那就可以兴汉室、成霸业了。

【诵读提示】此则节选的是《隆中对》中间的主要段落,是诸葛亮对登门问计的刘备阐述自己主张和策谋的一段话。可分为两个层次,第一层次,首先分析曹操的实力和能力:以弱胜强、挟天子令诸侯、拥兵百万;其次分析孙权:国险民附、兵强马壮;再次是荆、益两州的形势:险要丰饶、主政者昏庸懦弱,乃可用武之地。这个层次的分析语气要主见在胸,扎实沉稳,表现出诸葛亮虽然隐居隆中十年,但对天下大势了如指掌的雄才大略。第二层次自"将军既帝室之胄"到结尾。说的是诸葛亮为刘备策划的兴复汉室、夺取天下的具体攻略,分四个方面:第一,取代荆、益,建立根据地,与曹、孙三分天下;第二,利用声望,招揽人才,内修政理,增强实力;第三,处理好与西南少数民族的关系,与孙权建立抗曹联盟;第四,待机分兵两路,击宛城、洛阳,攻打秦川。综观后来历史进程,诸葛亮对当时形势的分析,基本上符合客观实际,为刘备制定的战略决策大体上也是行之有效的。这四招集合起来就是个宏观的战略框架,诵读时要细心揣摩诸葛亮的良苦用心,注意诸葛亮语气的把控。

典论(一则)

曹丕

盖/文章/经国之大业,/不朽之盛事。//年寿/有时而尽,/荣乐/止乎其身。/二者/必至之常期,/未若/文章之无穷。//是以/古之作者,/寄身/于/翰墨,/见意/于/篇籍。/不假(jiǎ)/良史之辞,/不托/飞驰之势,而/声名/自/传于后。(《论文》)

【串译】文章是关系到治理国家的伟大功业,是可以流传后世而不朽的盛大事业。人的年龄寿夭有时间限制,荣誉欢乐也只能终于一身。二者都终止于一定期限,不能像文章那样永久流传而没有穷期。因此,古代作者投身于写作,把自己的思想意见表现在文章书籍中,就不必借史家的言辞,也不必托高官的权势,而声名自然能流传后世。

【诵读提示】此文认为文章有两大功能:一是"经国之大业",有利于国家;二是"不朽之盛事",有益于自身。这说明作者已经开始把写文章与对生命个体自身价值的思考联系起来了。文章是"经国之大业,不朽之盛事",甚至比立德、立功更重要,这种文章价值观是作者对传统文章("立言")是"立德、立功"思想的重大突破,是文学自觉的一种表现。因为传统儒家也讲"三不朽","立言"次于"立德","立言"是为"立德"服务的,文学只是用以教化的工具。而《典论·论文》将文学的不朽价值落实到个体的人格与生命里,所推崇文体中还包括汉儒轻视的辞赋诗歌,只不过并未对这一观点加以详细展开罢了。诵读时请注意几个排比句的运用:经国之大业,不朽之盛事;年寿有时而尽,荣乐止乎其身;寄身于翰墨,见意于篇籍;不假良史之辞,不托飞驰之势。完全相同的字句结构,要连接得自然得体,前后语势语感一致,意在论"文"的价值。其中的"之""于"是介词,切勿用力过大或与其他字平摆平列。"是以……而……"中的"而"字要紧接前句,后可顿挫。

知识链接

曹丕:(187—226),魏文帝,曹操次子,做太子时以不参加曹操葬礼之罪逼弟弟曹植写下七步诗,顺利夺下弟弟曹彰的兵权。后逼汉献帝让位,220年继为魏国开国皇帝,终年四十岁。《燕歌行》是中国较早的七言诗。

《典论》是我国文学批评史上第一篇专题论文,"文"是广义上的文章,也包括文学作品,涉及文学批评中几个重要问题,虽不免粗略,但在文学批评史上开了风气之先。

(二)

重点、难点:表、奏疏等叙事、抒情、论理性散文的语态、节奏等诵读技巧。

前出师表(节选)
诸葛亮

臣/本/布衣,/躬耕/于/南阳,/苟全性命/于/乱世,/不求闻达/于/诸侯。//先帝/不以臣卑鄙,/猥(wěi)自枉屈,/三顾臣/于/草庐之中,/咨臣/以/当世之事,//由是/感激,/遂许/先帝/以/驱驰。//后值/

倾覆，/受任/于/败军之际，/奉命/于/危难之间，//尔来/二十有(yǒu)一年矣。//

先帝/知/臣/谨慎，/故/临崩/寄臣以大事也。//受命以来，/夙夜忧叹，/恐/托付不效，/以/伤/先帝之明，/故/五月渡泸，/深入不毛。//今/南方已定，/兵甲已足，/当/奖率三军，/北定中原，/庶竭驽钝，/攘除奸凶，/兴复汉室，/还于旧都。//此/臣/所以/报先帝/而/忠陛下/之/职分也。//至于/斟酌损益，/进尽忠言，/则/攸之、祎、允/之任也。//

愿/陛下/托臣/以/讨贼兴复之效，//不效/则治臣之罪，/以/告/先帝之灵。//若/无/兴德之言，/则/责/攸之、祎、允等之慢，/以彰其咎；//陛下/亦宜/自谋，/以/咨诹(zōu)善道，/察纳雅言，/深追先帝遗诏。//臣不胜/受恩感激。///今/当/远离，/临表涕零，/不知所言。

【注释】1. 布衣：平民。2. 躬耕：亲自耕种。3. 南阳：指隆中，在襄阳城西，当时隆中属南阳郡管辖。4. 闻达：有名望，通达，此指官运通达。5. 卑鄙：地位、身份卑下，见识鄙野。6. 猥：屈辱。7. 枉屈：枉驾屈就。认为刘备三顾茅庐请他，对刘备来说是屈辱。客气说法。8. 许：答应，许允。9. 驱驰：奔走效力。10. 尔来：从那时以来，即从刘备三顾茅庐到诸葛亮出师北伐以来。11. 大事：指刘备临终前嘱托诸葛亮辅佐刘禅，复兴汉室，统一天下的大事。12. 夙夜：日日夜夜。夙：清晨。13. 五月渡泸：建兴元年，云南少数民族发动叛乱，建兴三年诸葛亮率师南征，五月渡泸水,秋天平定了叛乱。14. 不毛:不长草木,此指不长草木的荒凉地区。15. 奖率:激励率领。16. 三军:诸侯国军队分上、中、下三军,三军即全军。17. 庶:希望。18. 竭:尽。19. 驽钝:比喻自己低劣的才能。驽:劣马,指才能低劣。钝:刀刃不锋利,指头脑不灵活,做事迟钝。20. 攘除:排除,铲除。21. 奸凶:此指曹魏政权。22. 旧都:指东汉都城洛阳。23. 斟酌:权衡。24. 慢:怠慢,懈惰。25. 彰:表明。26. 咎:罪过。27. 谘诹善道:征求好的建议。诹:征询。28. 察纳:考察采纳。29. 雅言:正确意见。30. 深追:深切地追念。31. 临表涕零:面对着《表》落泪。涕零:落泪。

【串译】我本是平民,在南阳亲自种地,只希望在乱世里苟且保全性命,并不想在诸侯中做官扬名。先帝不嫌我身份低微、见识浅陋,不惜降低身份,委屈自己,三次到草庐来探望我,向我询问当代大事,我因此深受感动,就答应为先帝奔走效劳。后来遇到挫折,在军事失败时接受重任,在危难紧迫关头奉命出使,从那时到现在有二十一年了。

先帝知道我办事谨慎,所以临终把国家大事托付给我。我接受命令以来,早晚忧虑叹息,唯恐托付给我的大事做得没有成效,而有损于先帝的明察,所以五月渡过泸水,深入到不长庄稼的荒凉地方。现在南方的叛乱已经平定,武器装备已经充足,应该勉励三军,率领他们北上平定中原。我希望能够奉献平庸的才能,去铲除那些奸邪凶恶的敌人,振兴汉朝,迁回旧都洛阳。这是我报答先帝、忠于陛下的职责。至于考虑朝中政事是否可行,毫无保留地向陛下提出忠诚的劝谏,那是郭攸之、费祎、董允等人的责任了。

希望陛下把讨伐曹魏、兴复汉室的任务交付给我,如果不能实现,就治我的罪来告慰先帝的在天之灵。如果没有发扬圣德的忠言,就应当责罚郭攸之、费祎、董允等人的怠慢失职,指明他们的过失;陛下也应该自行谋划,征询治国的良策,采纳正确的言论,深切追念先帝的遗命。我接受您的恩泽,心中非常激动。现在我就要远离陛下了,面对这份奏表,禁不住流下泪水,也不知说了些什么。

【诵读提示】本则所选的是《前出师表》的后半部分。诸葛亮由叙述自己生平而至言伐魏的意义,进而表明自己"兴复汉室,还于旧都"的决心,写得慷慨深沉,动人心魄。前面进言是为了保证有出师的条件,中间叙事是说明自身具有出师条件。第一自然段对于自己生平的叙述,并非是诸葛亮要对后主邀功,而是临行前所发的一番感慨。第一段的诵读在叙事语气中应掌握一个"慨"字,慨的是人生无多,机遇无多,当时诸葛亮已年近五十,先主死后,蜀汉政权日益衰微,眼看着有生之年成就统一天下的霸业越来越困难,虽在鼎力支撑危局,但越来越感到力不所支,内心流露的感伤也准确反映出诸葛亮的忧郁、苦愁而又无可奈何。第二段是受先帝之命以来尽心为职的小结及此次远征北伐的理由。表现"理由"要充分扎实,既有据可依又行之可成。第三段将出师与谏言两层意思拢合起来,一方面提出请后主观此次北伐之效,以显示"平明之理",另一方面还请后主自谋高策,咨诹善道,察纳雅言。最后谆谆告诫,要后主"深追先帝遗诏":"勿以恶小而为之,勿以善小而不为。惟贤惟德,能服于人。"以"今当远离,临表涕零,不知所言"作结,其声呜咽似泣,其情沛然如注,勤恳之态如现,耿耿忠心尽袒。此段的诵读以"现忠"为要旨,语气不可过强,应以低回婉慢行腔用字,"今当远离,临表涕零,不知所言"可字字顿挫,尽显大丈夫于特殊环境下热泪欲滴、感怀难控的情状。

一纸《出师表》能写到如此地步绝非偶然,皆有所为而发。

时当北伐在即,作为主帅的诸葛亮要向君主上一道表文,不是例行公事,而是从北伐的全局考虑,因为只有后主修明政治才能保证北伐顺利,因而先进安后之言,再表夺胜决心。诸葛亮给后主上的表文,既不宜用训斥的口吻,又不便用过于卑下的声气,此表写得不卑不亢,通达得体。尤其文中连称先帝凡十三次,显得情词十分恳切。"诸葛一生惟谨慎",细玩本文,从虑事到措词无不体现了"谨慎"精神,这也是此表被誉为"至文"的重要原因。

陈情表(节选)
李密

伏/惟/圣朝/以孝治天下,//凡/在/故老,/犹蒙矜(jīn)育;/况/臣孤苦,/特为尤甚。//且/臣/少仕伪朝,/历职郎署,/本图宦达,/不矜名节。//今/臣/亡国贱俘,/至微至陋。/过蒙拔擢(zhuó),/宠命优渥(wò),/岂敢盘桓,/有所希冀。//但/以/刘日薄西山,/气息奄奄(yǎn),/人命危浅,/朝不虑夕。//臣/无祖母,/无以/至/今日;/祖母/无臣,/无以/终/余年。/母孙二人,/更相为命,//是以/区区不能废远。//

臣/密/今年/四十有(yòu)四,/祖母刘/今年/九十有六,/是/臣/尽节于陛下之日长,/报/刘/之日短也。//乌鸟私情,/愿乞终养!//臣之辛苦,/非独/蜀之人士及二州牧伯/所见明知;/皇天后土,/实所共鉴。//愿/陛下/矜悯愚诚,/听臣微志。/庶刘侥幸,/卒保余年。//臣/生当陨首,/死当结草。//臣/不胜/犬马怖惧之情,//谨/拜表以闻!

【注释】1.伏惟:古时下对上陈述己见时的谦敬之辞,大意相当于:在下以为。2.矜育:怜悯养育。3.特为尤甚:情况尤其特殊。4.伪朝:蔑称,指不被当朝承认的前朝政府。5.郎署:尚书郎的官衙。6.宦达:官场上发展。7.不矜:不看重。8.拔擢:提拔。9.盘桓:犹豫不决。10.希冀:期望。11.更相:相继,相互。12.区区:谦辞。13.废远:放弃而远离。14.乌鸟:乌鸦。人们看重其反哺生母之情,故有"乌鸦反哺"一词。15.二州:指梁州、益州。16.牧伯:地方官。17.矜悯:怜悯。18.听:听允。19.庶几:或许可以,表示希望或推测。20.卒保:确保过完。

【串译】圣朝是以孝道治理天下的,凡是故旧老人,尚且受到怜惜养育,何况我的孤苦程度更为严重呢?而且我年轻时曾做过蜀汉的官,历任郎中和尚书郎,本来图的就是仕途通达,无意以名誉节操来炫耀。现在我是一个低贱的亡国俘虏,实在卑微到不值一提。承蒙得到提拔,恩命十分优厚,怎敢犹豫不决另有所图呢?但是只因为祖母刘氏已是西山落日的样子,气息微弱,生命垂危,朝不保夕。臣下我如果没有祖母,是活不到今天的;祖母如果没有我的照料,也无法度过余生。我们祖孙二人,互相依靠,正是因为这些我的内心实在是不忍离开祖母而远行。

臣下我今年四十四岁了,祖母今年九十六岁了,臣下我在陛下面前尽忠尽节的日子还长,而在祖母面前尽孝尽心的日子已经不多了。我怀着乌鸦反哺的私情,企求能够准许我完成对祖母养老送终的心愿。我的辛酸苦楚,并不仅仅是蜀地百姓及益州、梁州长官所亲眼目睹、内心明白,连天地神明也都看得清清楚楚。希望陛下能怜悯我愚昧至诚之心,满足臣下一点小小的心愿,使祖母刘氏能够侥幸地保全她的余生。我活着当以牺牲生命,死了也要结草衔环来报答陛下的恩情。臣下我怀着不胜恐惧的心情,恭敬地呈上此表以求闻达。

【诵读提示】《陈情表》为李密写给晋武帝的奏章。本则所选为全文的第三、四自然段。前面还有两段,第一段作者陈述家庭的特殊不幸和作者与祖母更相为命,以期武帝化严为慈、化对立为同一立场的体恤。第二段历叙朝廷多次征召,优礼有加,都由于"刘病日笃","报国恩"和"徇私情"发生不可调和的矛盾,旨在消除武帝的疑虑,为下文请求"终养"埋下伏线。第三段提出晋朝"以孝治天下"的治国纲领,陈述作者特别孤苦的处境和从政历史、人生态度以及政治思想,以便进一步打消武帝的疑虑。第四段明确提出"愿乞终养",表示要先尽孝后尽忠,以期感动武帝达到陈情目的。

《陈情表》文笔委婉恳切,耐人寻味;以"情"编织全文,情真意切;寓理于情,情理交融,情以动人,理以服人;语言骈散相间,参差交错,有极强的感染力。此两段的诵读语调应是沉婉的、凄哀的。按说一个小职员向皇上奏章,本不值一提,但正是此奏章写得孝情为先,感人至深,又符合"以孝治天下"的治国理念,所以才得到武帝恩准。

知识链接

李密:(224—287),西晋文学家。在祖母刘氏抚养下长大成人,以孝敬祖母闻名。年轻时曾任蜀汉尚书郎。晋灭蜀后,征西将军邓艾请他担任主簿,以奉养年迈祖母为由谢绝。晋武帝慕其名,下诏征为太子洗马。此时祖母已九十六岁,于是上表陈述家况,说明无法应诏的原因,即《陈情表》。晋武帝为其孝心感动,不仅同意暂不赴诏,还指令发给赡养费用。李密在祖母去世服期满后出仕,为今河南温县令政绩显著,以刚正见称。本望到朝廷任职,由于无人推荐,最后只做了汉中太守,一年后罢官归田。终年六十四岁。

兰亭集序
王羲之

永和/九年,/岁/在/癸(guǐ)丑。//暮春之初,/会于/会(kuài)稽(jī)山阴/之/兰亭,/修禊(xì)事也。//群贤毕至,/少长咸集。//此地/有/崇山峻岭,/茂林修竹;/又有/清流激湍,/映带左右,/引以为/流(shāng)觞曲(qū)水。//列坐其次,/虽无/丝竹管弦/之盛,/一觞一咏,/亦/足以/畅叙幽情。//是日也,/天朗气清,/惠风和畅。/仰观/宇宙之大,/俯察/品类之盛,/所以/游目骋(chěng)怀,/足以/极/视听之娱,/信可乐也。//

夫(fú)/人之相与,/俯仰一世。/或/取诸怀抱,/晤(wù)言/一室之内;/或/因寄所托,/放浪/形骸(hái)之外。//虽/取舍万殊,/静躁不同,/当其/欣于/所遇,/暂得于己,/快然自足,/不知/老之将至;//及其/所之既倦,/情随事迁,/感慨系(xì)之矣。//向之所欣,/俯仰之间,/已为陈迹,/犹/不能不/以之兴(xīng)怀;/况/修短随化,终期于尽。//古人云:/"死生/亦/大矣",//岂不痛哉!//

每览/昔人/兴感之由,/若合一契,/未尝/不/临文嗟(jiē)悼,/不能/喻之于怀。//固知/一死生/为虚诞,/齐/彭殇(shāng)/为/妄作。//后之视今,/亦犹/今之视昔。///悲夫!/故/列叙时人,/录其所述,/虽/世殊事异,/所以/兴怀,/其/致一/也。//后/之/览者,/亦将/有感于/斯文。

【注释】1.永和:东晋穆帝司马聃的年号。2.九年:公元353年。3.暮春之初:阴历三月初。暮春,春季的末一个月。4.会稽:郡名,辖境相当于现在浙江北部和江苏东南部一带,郡治在山阴县,即今绍兴。5.兰亭:在今绍兴西南,古有地名兰渚,渚中有亭。6.修禊事也:为了举行春禊活动。修:举行。7.群贤:指孙统、谢安等当时名士。8.咸:皆,都,全部。9.映带:景物相互辉映衬托,彼此关联。10.流觞:把漆制酒杯盛酒放在曲水上,循流而下,杯子停在谁的面前,谁就取杯饮酒。11.曲水:引水环曲为渠,流觞取饮。12.一觞一咏:一边饮酒,一边赋诗。13.畅叙幽情:酣畅地抒发内心的感情。14.品类之盛:地上繁多的万物。品类:指自然界的万物。15.信:实在,确实。16.夫人之相与:人们相互交往。夫:句首发语词。与:结交,亲附。17.俯仰一世:很快度过了一生。俯仰:低首抬头之间,形容时间短暂。18.取诸:取之于,从……中取得。19.怀抱:胸怀抱负。20.晤言:面对面交谈。21.因:依,随着。22.所托:所爱好的事物。23.放浪:放任旷达,不拘形迹。24.形骸:身体,形体。25.快然:高兴的样子。26.曾:竟,乃。27.向:过去,以前。28.修短:长短,指人的寿命长短。29.化:造化,大自然。30.期:期限。31.嗟悼:叹息悲伤。32.固:本来,向来。33.一:作动词用,把……看成一样。34.虚诞:虚妄的话。35.彭:彭祖,传说他生活在尧、夏、商三代,活了八百岁。36.彭殇:指代长寿之人和短命之人。37.齐:作动词用,把……等量齐观。38.妄作:胡造,胡说。39.由:通"犹",如同。

【串译】永和九年,正值癸丑年。暮春三月上旬的一天,我们在会稽郡山阴县的兰亭集会,举行禊饮活动。此地德高望重者无不到会,年长的年幼的全来了。兰亭这地方有崇山峻岭环抱,林木繁茂,竹篁幽密,又有清澈湍急的溪流辉映环绕在左右,把溪水引来作为泛觞的曲水。大家依次坐在水边,虽然没有管弦齐奏的盛况,只是饮酒赋诗,也足以令人畅叙胸怀。这一天,晴明爽朗,和风习习。抬头可以观览浩大的宇宙,俯身可以考察众多的物类,借此纵目远眺,胸襟舒展,足以享尽耳目视听的欢娱,真可以说是人生的一大乐事。

人们彼此亲近交往,俯仰之间便度过了一生。有的人喜欢反躬内省,满足于一室之内的晤谈;有的人则将志趣寄托于自己所爱好的事物,旷达开朗,不拘于生活小节。虽然他们或内或外的取舍不一样,性格的恬静和浮躁也各不相同,但当他们遇到可喜的事情,得意于一时,感到欣然自足时,竟然都会忘记衰老即将就要到来。等到他们对已获取的东西产生厌倦,情事变迁,又不免会引发无限的感慨。以往所得到的欢欣和快乐,顷刻之间就成为历史的陈迹,人们对此尚且不能不为之感念伤怀,更何况人的一生长短取决于造化,而终究要归结于穷尽呢!古人说:

"死生是件大事。"这怎么能不让人痛心啊！

每当看到前人所发的感慨，与我所感慨的其缘由竟像一张符契那样一致，总难免要在前人的文章面前嗟叹一番，不过心里却弄不明白这是怎么回事。我当然知道把死和生混为一谈是虚诞的，把长寿与夭亡等量齐观是荒谬的。后人看待今人，也就像今人看待前人，这正是事情的可悲之处。所以我要列出到会者的姓名，录下他们所作的诗篇。尽管时代有别，行事各异，但触发人们情怀的动因无疑会是相通的。后人阅读这些诗篇，恐怕也会由此引发同样的感慨吧。

【诵读提示】晋穆帝永和九年三月初三，时任会稽内史的王羲之与名士孙统、谢安等四十一名当世名士在会稽的兰亭修禊雅集，曲水流觞，赋诗抒怀，其间作诗三十七首。事后这些诗篇汇编成集，结纂为《兰亭集》，大家公推此次聚会的召集人、德高望重的王羲之写一序文记录这次雅集，于是，王羲之乘着酒兴即席挥洒，写下了二十八行、三百二十四字的被后人誉为"天下第一行书"的《兰亭集序》。《兰亭集序》具有清新朴实、不事雕饰的风格，体现了王羲之积极入世的人生观，与老庄学说主张的"无为"形成了鲜明的对比，给后人以启迪、思考。

第一段较具体地描写了兰亭集会的盛况，道出作者快乐的心境和对自然美的热爱之情。本段以写盛会始，以抒感慨终；以做"修禊"为名，以行快乐为实。所以这一段的诵读应重点突出生之"乐"。第二段虽然作者对时光飞逝、人生短暂大发感慨，但字里行间暗含对人生的眷恋和热爱之情。此段写了两种人，一种是喜欢"静"的人，一种喜欢"躁"的人。诵读此段应在这种静者与躁者的异同对比中突出死之"痛"，同时也应照应作者是想以此来启发那些思想糊涂的所谓名士，不要让生命轻易地从自己身边悄悄逝去，也是对于东晋名士风流时代之虚无思想观念的批评和判论。第三段由读古人"兴感"之作时的体验"若合一契"说明古人也有感于死生;然后转入人生世事的深入抒写,批判当前士大夫"一死生为虚诞,齐彭殇为妄作",表现了作者抗拒人生虚幻的执着努力,随之又发出"后之视今,亦犹今之视昔,悲乎"的慨叹,可见作者对人生敏锐、深刻的感受中有一份对人生特别的热爱和执着。接着作者交代了《兰亭集》的成因,总结全文。

《兰亭集序》文字灿烂,字字珠玑,不论绘景抒情,还是评史述志都令人耳目一新。虽然前后心态矛盾,但总体看还是积极向上的,特别是在当时谈玄成风的东晋时代气氛中,提出"一死生为虚诞,齐彭殇为妄作",尤为可贵。《兰亭集序》的更大成就在于它的书法艺术,通篇气息淡和空灵、潇洒自然,用笔遒媚飘逸,手法既平和又奇崛,大小参差,既有精心安排的艺术匠心,又没有做作雕琢的痕迹,自然天成。其中凡是相同的字,写法各不相同,如"之""以""为"等字,各有变化,特别是"之"字,达到了艺术上多样与统一的效果。《兰亭集序》是王羲之书法艺术的代表作,是我国书法艺术史上的一座高峰,滋养了一代又一代书法家。

知识链接

王羲之:(321—379),字逸少,琅琊人,有"书圣"之称,其楷、行、草、隶、八分、飞白、章草俱入神妙之境,成为后世崇拜的名家和学习的楷模。

王羲之行草植根于汉魏以来的隶书,把带隶书波磔的草书发展为章草,把不带隶书波磔的演变为今草,又把介乎楷、草之间的行书与草书并用,使之广为流行。历史上第一次学王羲之高潮在南朝梁,第二次在唐。唐太宗极度推尊王羲之,从此王羲之在书学史上至高无上的地位被确立并巩固下来。宋、元、明、清诸朝学书人无不尊宗"二王"。唐代欧阳询、虞世南、褚遂良、颜真卿、柳公权,宋代苏轼、黄庭坚、米芾、蔡襄,元代赵孟頫,明代董其昌无不皈依王羲之。

桃花源记

陶渊明

晋/太元/中,/武陵人/捕鱼为业。//缘/溪行,/忘/路之远近。//忽逢/桃花林,/夹岸数百步,/中无杂树,/芳草鲜美,/落英缤纷。//渔人/甚异之。//复/前行,/欲/穷其林。//

林尽水源,/便得一山。//山/有小口,/仿佛/若有光,/便/舍船从口入。//初/极狭,/才通人。//复行/数十步,/豁然开朗。//土地平旷,/屋舍俨(yǎn)然,/有/良田美池桑竹之属。//阡陌交通,/鸡犬相闻。/其中/往来种(zhòng)作,/男女衣著(zhuó),/悉如外人。/黄发垂髫(tiáo),/并/怡然自乐。//

见/渔人,/乃/大惊,/问/所从来,/具/答之。//便要(yāo)还家,/设酒杀鸡/作食。//村中/闻有此人,/咸来问讯。//自云/先世/避秦时乱,/率/妻子邑人/来此绝境,/不复出焉,/遂/与外人间隔。//问/今是何世,/乃/不知有汉,/无论魏晋。//此人/一一为具言所闻,/皆/叹惋。//余人/各/复/延至其家,/皆出酒食。//停/数日,/辞去。//此中人/语(yù)云:"不足/为/外人道也!"//

既出,/得其船,/便/扶/向路,/处处/志之。//及/郡下,/诣(yì)/太守,/说/如此。//太守/即/遣人/随其往,/寻/向所志,//遂/迷,//不复/得路。//

南阳/刘子骥,/高尚士也。//闻之,/欣然规往。//未果,/寻/病终。//后/遂/无问津者。

【注释】1.太元:晋孝武帝年号。2.武陵:郡名,治所在今常德。3.缘:循,沿着。4.英:花。5.尽:尽头。6.才:仅。7.俨然:整齐的样子。8.属:类。9.阡陌交通:田间小路纵横贯通,南北小路叫阡,东西小路叫陌。10.悉:尽,全。11.黄发:指老人。12.垂髫:指儿童。髫:古代小孩的垂发。13.要:通"邀"。14.咸:都。15.讯:消息。16.邑人:老乡。17.绝境:与世隔绝的地方。18.间隔:隔离。19.乃:竟然。20.无论:不要说。21.延:邀请。22.扶:沿着。23.向:原先。24.志:作标记。25.郡下:指武陵郡城下。26.诣:拜访。27.刘子骥:晋代有名的隐士。28.规:计划。29.未果:没有成为事实。30.寻:不久。31.问津:问路,访求。32.津:渡口。

【串译】东晋太元年间,有一个武陵人以捕鱼为业。一天他沿着溪流划船前行,竟然忘了路的远近。忽然遇到一片桃花林,夹着溪水,两岸有数百步之长,其中没有其他树木,地上芳草萋萋,遍地是掉落的桃花瓣。渔人觉得十分惊奇。又继续向前走,想走完这片桃花林。

桃花林的尽头就是溪水的发源地,走到那里便发现有一座山。山有一个小洞口,洞口好像有亮光,渔人就离开小船从洞口进去。刚进去时洞很狭窄,仅能容得一个人通过。又朝前走了几十步,突然开阔明亮起来。里面土地平坦开阔,房屋排列整齐,有肥沃的田地,美丽的池塘及桑树、翠竹一类;田间道路交错相通,彼此可以听到鸡鸣狗叫的声音。桃花源中的人往来、耕种、劳作,男女穿的衣服都同外面的人一模一样;老老少少都很安适快乐。

他们看到渔人以后,大为惊异,问他从什么地方来,渔人全都做了回答。他们就邀请渔人到家里去,备酒杀鸡热情款待。村民们听说来了这样一个人,都来探问外界消息。他们说自己的祖先为了躲避秦时的战乱,带领妻子小孩和同乡人来到这个与外界隔绝的地方,从此以后再也没有出去,于是就跟外界隔绝了。又问渔人现在是什么朝代,他们竟不知道有汉朝,更不要说魏朝和晋朝了。渔人就详尽讲了自己所知道的事情,他们都十分感叹。其他的人也都邀请渔人到自己家里,拿出酒食来款待。住了几天,渔人要告辞回去,桃花源中的人对他说:"这里的事不必对外人讲。"

渔人出来以后,找到他的船,沿着老路回去,一处处都做了标记。到了郡城,晋见太守说了自己进入桃花源的经过。太守立即派人跟随渔人前去,寻找先前所做的标记,结果竟然迷失方向,没有能够找到原来的道路。

南阳的刘子骥,是个高尚的隐士。他听到这件事情,就高兴地计划前去探访。但没有能够实现,不久就生病死了。以后就再也没有去寻找的人了。

【诵读提示】本文是《桃花源诗》的序文，其时作者57岁，隐居农村已十余年。作者虚构这个故事是有寄托的，他按照自己的社会理想描绘了一幅没有战乱、自给自足、鸡犬之声相闻、老幼怡然自得的世外桃源的图景，透露了作者对现实社会的不满和否定，也在一定程度上反映了当时广大人民的愿望。诵读《桃花源记》，既要表现出作者所描画的美好理想，又要表现出理想无法实现的矛盾。

本文第一段写武陵渔人路遇桃花林。诵读时语态要体现出"惊奇"，进而"探究"。注意"忽逢""甚异""复前行""欲穷其林"几个词，一方面反映出作者的思路和行迹，另一方面也是作者引导读者入境入景入情的关键词，要给予这些词一定的感受和色度。第二段写渔人自小口进入桃花源新的天地后所看到的景象，要一层层地"描画"出一种正常社会形态所不曾有的"境界"。此段有三点应留意："初""才""复"是渔人行迹，要点清楚；"土地平旷，屋舍俨然，有良田美池桑竹之属。阡陌交通，鸡犬相闻"是目击所得的桃花源中的自然状况，语势要连接起来，总体上造成视觉影像的冲击；至于"往来种作，男女衣著，悉如外人。黄发垂髫，并怡然自乐"就是对人物的行为、衣着、神采的描写了，注意描写人物时的"质感"。"怡然自乐"应是桃花源中人精神层面的集中概括，尤其不能忽略。第三段写的是渔人见了桃花源中人后的交往，包括对话，应反映出桃花源中人与世无染的近乎原始的质朴、热情。来言去语、你来我往的新鲜热闹、忙活喜庆的氛围的营造，是此段诵读必须努力达到的。此段的语速可快些，语态可明朗些。第四、五段可归并为一个层落，写渔人归，外人寻，终无果。

知识链接

陶渊明:(365—427),名潜,浔阳柴桑人。少年时接受儒家用世思想,有"大济于苍生"的抱负,希望建功立业。但东晋社会贵族垄断高官要职,出身庶族寒门的士人遭到无理压制,陶渊明虽有济世之才却一直得不到重视,加上当时老庄思想和隐居风气盛行,于是爱慕自然、向往隐逸。41岁时毅然解职归田,归隐后20年中同劳动人民有了广泛接触,亲自参加农业劳动,为他创作田园诗提供了重要条件。

陶渊明流传下来的诗歌大约有120多首,散文、辞赋多篇。田园诗是陶诗的重要部分,内容描写农村生活、田园风光和淳朴的风俗人情,抒发了作者对宁静闲逸生活的衷心喜爱,表现了作者淡泊旷达、安贫乐道的品格。诗歌语言朴素明洁,平淡自然,为古典诗歌开辟了田园诗的新境地。同时还写了一些咏怀、咏史的篇章,通过对自己一生经历中的种种感受、体验和对历史的缅怀,寄托自身的社会理想,对黑暗的现实具有批判意义。与田园诗相比较,这类诗更富于政治性和现实性,作者坚持高远的理想和志趣,不与世俗同流合污的孤高品格,成为后世正直文人的人生目标。陶渊明的辞赋散文数量不多,但思想、艺术上都有独特的成就。像《桃花源记》《归去来辞》《五柳先生传》,直到今天仍是传诵的名作。

文心雕龙(二则)

刘勰

一言之辩/重于/九鼎之宝,/三寸之舌/强于/百万之师。

【串译】一个人辩论的力量可以比宝物九鼎还有分量,仅三寸长的舌头可以胜过百万雄兵。

登山/则/情/满于山,/观海/则/意/溢于海。

【串译】站在山头上,感情就好像弥漫了全山;在海边看海,想象就好像海水一般澎湃。

【诵读提示】此二则诵读时注意重音和停连的使用即可。

知识链接

刘勰:(约465—520),南北朝时文学理论家。祖籍山东莒县,晚年在浮来山创办(北)定林寺。不以官显以文彰,《文心雕龙》奠定了他在中国文学史和文学批评史上不可或缺的地位。《文心雕龙》十卷,五十篇,包括总论、文体论、创作论、批评论四个主要部分,理论观点首尾一贯,各部分之间又互相照应,体大思精,具有严密的体系,在古代文学批评中空前绝后,是我国文学理论遗产的瑰宝。

水经注·三峡
郦道元

自/三峡/七百里中,/两岸连山,/略无阙(quē)处。//重岩叠嶂,/隐天蔽日,/自非/亭午夜分,/不见曦(xī)月。//至于/夏水襄陵,/沿溯(sù)阻绝。/或/王命急宣,/有时/朝发白帝,/暮到江陵,/其间/千二百里,/虽/乘奔御风,/不以疾也。//春冬之时,/则/素湍绿潭,/回清倒影。/绝巘(yǎn)/多生怪柏,/悬泉瀑布,/飞漱其间。/清荣峻茂,/良多趣味。//每/至/晴初霜旦,/林寒涧肃,/常有/高猿长啸,/属(zhǔ)引凄异,/空谷传响,/哀转久绝。//故/渔者/歌曰:/"巴东/三峡/巫峡长,/猿鸣/三声/泪沾裳(cháng)!"

【注释】1.自:在。2.三峡:指长江上游重庆、湖北间的瞿塘峡、巫峡和西陵峡,全长实际只有四百多里。3.阙:通"缺",空缺。4.嶂:直立像屏障的山峰。5.自非:如果不是。6.曦:太阳。7.夏水襄陵:夏天江水漫上了山陵。襄,漫上。8.溯:逆流而上。9.或:有。10.白帝:在重庆奉节东。11.江陵:今湖北江陵。12.虽:即使。13.奔:奔驰的快马。14.不以:不如。15.疾:快。16.素湍:白色的急流。17.绿潭:碧绿的潭水。18.绝巘:极高的山峰。绝:极。19.悬泉:悬挂着的泉水。20.飞漱:飞泻冲荡。

漱:冲荡。21.清荣峻茂:水清、树茂、山高、草盛。22.属:连续不断。23.引:连续。24.凄异:凄凉怪异。25.巴东:汉郡名,在现在重庆东部云阳、奉节、巫山一带。26.沾:打湿。27.三声:几声。三,这里不是确数。

【串译】在七百里长三峡中,两岸群山连绵,没有一点空缺的地方;层层叠叠的岩峰,遮盖住了蓝天和太阳,如果不是正午就看不见太阳;如果不是半夜,就看不见月亮。到了夏天,江水漫上山陵,顺流而下、逆流而上的船只都被阻隔断了。如有皇帝命令需要急速传达,这时早晨从白帝城出发,傍晚就到达了江陵,两地相距一千二百多里,即使是骑着奔驰的快马,驾着长风,也不如行船快啊。到了春天和秋天,白色的急流,回旋着清波,碧绿的深潭映出了山石林木的倒影。极高的山峰上生长着许多奇形怪状的古柏,悬泉瀑布,在山峰之间急流冲荡。水清,树荣,山高,草盛,实在是妙趣横生。每逢秋雨初晴或者降霜的早晨,树林和山涧显出一片清凉和寂静,经常有猿猴在高处拉长声音鸣叫,声音持续不断,凄凉怪异,空荡的山谷里传来猿叫的回声,悲哀婉转,很久才消失。所以三峡的渔民唱到:"巴东三峡巫峡长,猿鸣三声泪沾裳!"

【诵读提示】此文是郦道元为《水经·江水》所作注释中关于三峡的一段,是一篇优秀的古代写景散文、一篇著名的山水之作。它以不到区区200字篇幅,描写了三峡错落有致的自然风貌。此文以"自三峡七百里中"起笔,既交代了描写对象,又介绍了其总体长度。接着先写山势,用寥寥数笔形象地勾勒出三峡磅礴逶迤、雄伟峭拔的整体风貌,使读者很快被三峡的雄险气势所吸引。作者按自然时令来写水,先写水势最大最急的夏季,再写水势减小的春冬,此时的三峡可用一"秀"字概括;写秋水,作者用一"霜"字暗示,写三峡秋景的清寒,并用猿鸣来烘托萧瑟的秋高,让人不胜凄凉。最后是写"晴初霜旦"的特殊景观。从山水到猿啼,写出了三峡特有的风貌,文字准确而简约。《水经注·三峡》既是地理著作又是文学著作。诵读时第一要表现三峡之"奇",第二要表现出三峡之"壮",第三要表现出三峡之"秀",表山、表水都应富于形象感。此文并无多少政治色彩,只是抒发了热爱祖国山河的情怀而已。

知识链接

郦道元:(约 470—527),北魏范阳涿鹿人,地理学家、文学家。跟随父亲在青州时曾和友人游遍山东。做官以后每到一地都游览名胜古迹,留心勘察水流地势,探溯源头,并在余暇时间阅读了大量地理著作,积累了丰富的地理学知识。他一生对我国自然、地理做了大量调查、考证和研究,并撰写了地理巨著——《水经注》,为我国古代地理科学作出了重大贡献。成年之后,也多次出任中央和地方官吏,执法严格,办事果断,对各种违法行为予以严加惩处,因此触犯了一些地方豪强和皇亲国戚,后遭皇室暗算而死。

第三单元　唐宋散文

（一）

重点、难点：叙事、论理性散文的语态、节奏等诵读技巧。

滕王阁序
王勃

　　南昌故郡，/洪都新府。/星分翼轸(zhěn)，/地接衡庐。//襟三江/而/带五湖，控蛮荆/而/引瓯(ōu)越。//物华天宝，/龙光/射/牛斗之墟；/人杰地灵，/徐孺/下/陈蕃(fān)之榻。//雄州雾列，/俊采星驰。//台隍/枕/夷夏之交，/宾主/尽/东南之美。//都督阎公/之/雅望，/棨(qǐ)戟遥临；/宇文新州/之/懿范，/襜(chān)帷暂驻。//十旬休暇(xiá)，/胜友如云；/千里逢迎，/高朋满座。//腾蛟起凤，/孟学士/之/词宗；/紫电青霜，/王将军/之/武库。//家君作宰，/路出名区；/童子何知，/躬逢胜饯。//

时维九月，/序属三秋。//潦(lǎo)水尽/而/寒潭清，/烟光凝/而/暮山紫。//俨/骖(cān)䯂(fēi)/于/上路，/访/风景/于/崇阿(ē)。/临/帝子/之/长洲，/得/仙人/之/旧馆。//层台耸翠，/上出重霄。/飞阁流丹，/下临无地。//鹤汀(tīng)凫(fú)渚(zhǔ)，/穷/岛屿/之/萦回；/桂殿兰宫，/列/冈峦/之/体势。//披绣闼(tà)，/俯雕甍(méng)，/山原旷/其/盈视，/川泽盱(xū)/其/骇瞩。//闾阎扑地，/钟鸣鼎食/之/家；/舸(gě)舰迷津，/青雀黄龙/之/舳(zhú)。//虹销雨霁(jì)，/彩彻区明。/落霞/与/孤鹜/齐飞，/秋水/共/长天/一色。//渔舟唱晚，/响穷/彭蠡(lǐ)之/滨；/雁阵惊寒，/声断/衡阳之浦。//遥襟俯畅，/逸兴遄(chuán)飞。//爽籁发/而/清风生，/纤歌凝/而/白云遏。//睢园绿竹，/气凌/彭泽之樽；/邺水朱华，/光照/临川之笔。//四美具，/二难并。//穷/睇(dì)眄(miǎn)/于/中天，/极/娱游/于/暇日。//天高地迥，/觉/宇宙/之/无穷；/兴尽悲来，/识/盈虚/之/有数。//望/长安/于/日下，/指/吴会(kuài)/于/云间。//地势极/而/南溟深，/天柱高/而/北辰远。//关山难越，/谁悲/失路之人？/萍水相逢，/尽是/他乡之客。//怀帝阍(hūn)/而/不见，/奉宣室/以/何年？//

嗟乎！/时运/不齐，/命途/多舛(chuǎn)！/冯唐/易老，/李广/难封。//屈/贾谊/于/长沙，/非无圣主；/窜/梁鸿/于/海曲，/岂/乏明时？//所赖/君子安贫,/达人知命。/老当益壮,/宁移/白首之心?/穷且益坚,/不坠/青云之志。//酌贪泉/而/觉爽,/处涸辙/以/犹欢。//北海虽赊,/扶摇可接;/东隅(yú)已逝,/桑榆非晚。//孟尝高洁,/空怀报国之心;/阮籍猖狂,/岂效穷途之哭!//

勃,/三尺微命,/一介书生。/无路请缨,/等/终军/之/弱冠;/有怀投笔,/慕/宗悫(què)/之/长风。//舍/簪(zān)笏(hù)/于/百龄,/奉/晨昏/于/万里。/非/谢家/之/宝树,/接/孟氏/之/芳邻。//他日趋庭,/叨陪鲤对。/今晨捧袂(mèi),/喜托龙门。//杨意不逢,/抚/凌云/而/自惜;/钟期既遇,/奏/流水/以何/惭?//

呜呼!/胜地/不常,/盛筵/难再。/兰亭/已矣,/梓泽/丘墟。/临别赠言,/幸/承恩/于/伟饯;/登高作赋,/是/所望于群公。//敢竭鄙诚,/恭疏短引。/一言均赋,/四韵俱成://

滕王高阁/临/江渚,/佩玉鸣鸾/罢/歌舞。//画栋/朝飞/南浦云,/珠帘/暮卷/西山雨。//闲云潭影/日/悠悠,/物换星移/几度/秋。//阁中帝子/今/何在?/槛(jiàn)外/长江/空//自流。

【注释】1.南昌:汉时为豫章郡治,所以称"故郡"。2.星分翼轸:古人习惯以天上星宿与地上区域对应,称为"某地在某星之分野"。翼、轸:星宿名,属二十八宿,其分野在楚地,洪州位于旧楚地,所以说"星分翼轸"。3. 衡庐:衡,衡山,此代指衡州;庐,庐山,此代指江州。4. 三江:泛指长江中下游江河。5. 五湖:指太湖、鄱阳湖、青草湖、丹阳湖和洞庭湖。6. 蛮荆:古楚地,今湖北、湖南一带。7. 瓯越:古越地,今浙江南部、福建一带。8. 牛斗之墟:二十八星宿中被称为牛、斗的星宿所在的方位。墟:这里指星座。9. 徐孺:东汉豫章人,当时的隐士,德行为人称道。10. 陈蕃:东汉时豫章太守,素来不接宾客,唯老友徐孺来访才设一睡榻以示尊敬。这里称赞洪州有杰出的人才。11. 棨戟:外有赤黑色缯做套的木戟,古代大官出行时用。这里代指仪仗。12. 遥临:远道来临。13. 宇文新州:复姓宇文的新州(在今广东)刺史,名字及事迹未详。14. 懿范:美德之楷模。15. 襜帷:车上的帷幕,代指宇文新州刺史的车马。16. 十旬休暇:唐制十日为一旬,遇旬日则官员休沐,称为"旬休"。这里指适逢十日休假的一天。17. 紫电青霜:紫电,宝剑名。形容兵器的锋利。18. 三秋:古人称七、八、九月为孟秋、仲秋、季秋,三秋即季秋九月。19. 潦水:雨后地面的积水。20. 俨:通假字,通"严",整齐的样子。21. 骖騑:驾车的马。左称骖,右称騑,这里指马车。22. 上路:地势高的地方。23. 崇阿:高大的山陵。24. 帝子、仙人:都指滕王李元婴。25. 长洲:古苑名,这里指滕王阁所在的地址。26. 汀:水边或水中的平地。27. 凫:野鸭。28. 渚:水中小洲。29. 甍:屋脊。30. 盈视:全部映入眼帘。31. 盱:张大眼睛。32. 骇瞩:面对所看到的景物吃惊。33. 闾阎:里巷的门,这里代指房屋。34. 迷津:塞满渡口。35. 青雀黄龙:船的装饰形状。36. 舳:船尾把舵处,这里代指船只。37. 销:通假字,通"消",消失。38. 霁:雨雪停止。39. 彩彻:彩虹通贯。40. 区:天空。41. 彭蠡:古大泽名,即今鄱阳湖。42. 浦:水边。43. 遥襟俯畅:一版作"遥吟俯畅",意思是宽大的胸怀因登高而舒畅。44. 遄:

急速。45.爽籁:管子参差不齐的排箫。46.白云遏:形容音响优美,能驻行云。47.睢园:汉梁孝王在睢水旁修建的竹园。48.凌:超越。49.彭泽之樽:诗人陶渊明的酒杯。彭泽在今江西湖口县东,陶渊明曾官彭泽县令,世称陶彭泽。50.四美:指良辰、美景、赏心、乐事。51.二难:指贤主、嘉宾难得。52.睇眄:指斜视,这里是"看"的意思。53.极:动词,"尽"也。54.迥:远。55.盈虚:指兴衰、贵贱、穷通等人生境遇。56.日下:京师。57.吴会:指吴地和会稽两地。58.云间:吴地的古称。59.天柱:昆仑山。60.帝阍:天帝的守门人。这里指帝王的宫门。61.宣室:汉未央宫正殿,为皇帝召见大臣议事之处。这里指侍奉君王。62.海曲:齐鲁一带海滨。63.明时:指章帝时代。这两句对汉文帝的"圣主"和汉章帝的"明时"的赞美有过誉之嫌。64.达人知命:达人,通达事理之人;知命,知道自己的命运。这是作者无可奈何时的聊以自慰。65.处涸辙:涸辙,比喻困厄的处境。句意是处在穷困的环境中仍然乐观。66.北海二句:北海,即庄子所说的"北冥";赊,远也;扶摇,上行的风,旋风。67.簪笏:手板,官吏用物,这里代指官职地位。68.接:通假字,通"结",结交。69.捧袂:举起双袖,表示恭敬的姿势,这是晋代谒见时作揖的样子。70.梓泽:西晋石崇繁华的金谷园,故址在今洛阳。

【串译】这里是过去的豫章郡,如今是洪州的都督府。天上的方位属于翼、轸两星宿的分野,地上的位置联结着衡山和庐山。以三江为衣襟,以五湖为衣带控制着楚地,连接着闽越。物类的精华是上天的珍宝,宝剑的光芒直冲牛、斗二星区间;人中有英杰,因大地有灵气,陈蕃专为徐孺设下几榻。雄伟的洪州城,房屋像雾一般罗列,英俊的人才像繁星一样活跃。城池坐落在夷夏交界的要害之地,主人与宾客集中了东南地区的英俊之才。都督阎公享有很高的名望,远道来到洪州坐镇;宇文州牧是美德的楷模,赴任途中在此暂留。正逢十日休假的日子,杰出的友人云集,高贵的宾客也都不远千里来到这里聚会。文坛领袖孟学士,文章的气势像腾起的蛟龙、飞舞的彩凤;王将军的武库里刀光剑影,如紫电、清霜。由于父亲在交趾做县令,我在探亲途中经过这个著名的地方。我年幼无知,竟有幸亲身参加了这次盛大的宴会。

  时值九月,秋高气爽。积水消尽,潭水清澈,天空凝结着淡淡的云烟,暮霭中山峦呈现一片紫色。在高高的山路上驾着马车,在崇山峻岭中访求风景。来到昔日帝子的长洲,找到仙人居住过的宫殿。这里山峦重叠,青翠的山峰耸入云霄。凌空的楼阁,红色的阁道犹如飞翔在天空,从阁上看不到地面。白鹤、野鸭停息的小洲,极尽岛屿的迂曲回环之势;华美的宫殿,与起伏的山峦配合有致。披开雕花的阁门,俯视彩饰的屋脊,山峰平原尽收眼底,湖川曲折令人惊讶。遍地是里巷宅舍,许多钟鸣鼎食的富贵人家。舸舰塞满了渡口,尽是雕上青雀黄龙花纹的大船。正值雨过天晴,虹消云散,阳光朗煦,落霞与孤雁一起飞翔,秋水和长天连成一片。傍晚渔舟中传出的歌声响彻彭蠡湖滨,雁群感到寒意而发出的惊叫回荡在衡阳的水边。放眼远望,胸襟刚感到舒畅,超逸的兴致立即兴起,排箫的音响引来了徐徐清风,柔缓的歌声吸引住飘动的白云。像睢园竹林的聚会,这里善饮的人酒量超过彭泽县令陶渊明;像邺水赞咏莲花,这里诗人的文采,胜过临川内史谢灵运。良辰、美景、赏心、乐事,这四种美好的事物都已经齐备,贤主和嘉宾这两个难得的条件也聚合在一起了。向天空中极目远眺,在假日里尽情欢娱。苍天高远,大地寥廓,令人感到宇宙的无穷无尽。欢乐逝去,悲哀袭来,我明白了兴衰贵贱都由命中注定。西望长安,东指吴会,南方的陆地已到尽头,大海深不可测,北方的北斗星多么遥远,天柱高不可攀。

关山重重难以越过,有谁同情不得志的人?萍水相逢,大家都是异乡之客。怀念着君王的宫门,但却不被召见,什么时候才能够去侍奉君王呢?

呵,各人的机遇不同,人生的命运多有不顺。冯唐容易衰老,李广难得封侯。使贾谊遭受委屈贬于长沙,并不是没有圣明的君主;使梁鸿逃匿到齐鲁海滨,难道不是政治昌明的时代?只不过由于君子安于贫贱,通达的人知道自己的命运罢了。年纪虽然老了,但志气应当更加旺盛,怎能在白头时改变心情?境遇虽然困苦,但节操应当更加坚定,决不能抛弃自己的凌云壮志。即使喝了贪泉的水,心境依然清爽廉洁;即使身处于干涸的车辙中,胸怀依然开朗愉快。北海虽然十分遥远,乘着羊角旋风还是能够达到;早晨虽然已经过去,而珍惜黄昏却为时不晚。孟尝君心地高洁,但白白地怀着报国的热情;阮籍为人放纵不羁,我们怎能学他那种穷途的哭泣!

我地位卑微,只是一个书生。虽然年龄和终军相差无几,却无处去请缨杀敌。我羡慕宗悫那种"乘长风破万里浪"的英雄气概,也有投笔从戎的志向。如今我抛弃了一生功名,不远万里去朝夕侍奉父亲。虽然称不上谢家的"宝树",但是能和贤德之士为邻交往。不久我将见到父亲,聆听他的教诲。今天我侥幸地奉陪各位长者,高兴地登上龙门。假如碰不上杨得意那样引荐的人,就只有抚拍着自己的文章而自我叹惜。既然已经遇到了钟子期,就弹奏一曲《流水》又有什么羞愧呢?

呵,名胜之地不能常存,盛大的宴会难以再逢。兰亭宴集已为陈迹,石崇的梓泽也变成了废墟。承蒙这个宴会的恩赐,让我临别时作了这一篇序文,至于登高作赋,这只有指望在座诸公了。我只是冒昧地尽我微薄的心意,作了短短的引言。在座诸位都按各自分到的韵字赋诗,我已写成了四韵八句。

壮美的滕王阁俯临着江边的沙渚，佩玉鸣，驾铃响，歌舞已经结束。雕花的栋梁晨光中缭绕着南浦的白云，彩绘的朱帘暮霭里卷收起西山的阵雨。阴云投影深潭，每日里悠悠飘游，人物换，时光移，已过了几度春秋。楼阁中游乐的滕王如今又在哪里？门槛外江水却依然寂寞地奔流。

【诵读提示】《滕王阁序》全称《秋日登洪府滕王阁饯别序》，全文可分为四个部分。第一部分(第一段)紧扣题中"洪府"二字概写洪州的地理风貌，历叙洪都雄伟的地势、珍异的物产、杰出的人才、尊贵的宾客及宴会的盛况。第二部分(第二段)写三秋时节滕王阁的万千气象和周围的自然、人文景观，展示的是一幅流光溢彩的滕王阁秋景图，写出了滕王阁壮美而又秀丽的景色，紧扣题目"秋日""登滕王阁"六字来写。第三部分(第三段)写的是社会与自然，各具情趣，又融为一体。第四部分(第四段)抒怀励志，抒发人生感慨。自我介绍兼回收题意，述说自己的身世和怀才不遇的苦闷。第五部分(第五、六两段)紧扣题中"别""序"二字来写，表示当此临别之际，既遇知音，自当赋诗作文，以此留念。收篇致谢，感叹盛筵难再，在礼让中结束，不失分寸，非常得体。

诵读《滕王阁序》，首先应分清语句的四、六、七格式，有四字句的连读，有四、六字的连读，有六字句的连读，也有七字句的连读。应以内容表述为纲，将其有机结合成诵读单元，然后再将各个单元组织起来表意。结尾的七言诗，按七律的一般格式处理。

> **知识链接**
>
> 王勃:(649—675),绛州龙门(今山西河津)人,与杨炯、卢照邻、骆宾王以诗文齐名,并称"王杨卢骆",亦称"初唐四杰"。祖父王通是隋末著名学者,号文中子。王勃才华早露,未成年即被赞为神童。初为沛王李贤侍读,两年后因戏为《檄英王鸡》文,被高宗怒逐出府。随即出游巴蜀。其父亦受累被贬为交趾(今越南一带)令。上元二年,王勃南下探亲,渡海溺水而死,英年26岁。
>
> 初唐文坛盛行以上官仪为代表的诗风,王勃的文学主张崇尚实用,"思革其弊,用光志业",对转变风气起了很大作用。诗今存80多首,赋和序、表、碑、颂等,今存90多篇。

陋室铭

刘禹锡

山/不在高,/有仙则名。/水/不在深,/有龙则灵。//斯/是/陋室,/惟/吾/德馨。//苔(tái)痕/上/阶绿,/草色/入/帘青。/谈笑/有/鸿儒,/往来/无/白丁。/可以/调素琴,/阅金经。/无/丝竹/之/乱耳,/无/案牍(dú)/之/劳形。//南阳/诸葛庐,/西蜀/子云亭。/孔子云:/"何/陋/之/有。"

【注释】1.斯、是:均为指示代词。2.陋室:陈设简单而狭小的房屋。3. 惟:同介词"以",起强调作用。4. 馨:香气,古代常用来形容人的高尚品德。5. 鸿儒:泛指博学之士。鸿:大。儒:旧指读书人。6. 白丁:未得功名的平民,借指没有学问之人。7. 素琴:不加雕绘装饰的琴。8. 金经:即《金刚经》(《金刚般若经》或《金刚般若波罗蜜经》的略称),唐代《金刚经》流传甚广,这里泛指佛经。9. 丝竹:弦乐和管乐,这里泛指乐器。10. 乱耳:使听力紊乱。11. 案牍:官府人员日常处理的文件。12. 劳形:使身体劳累。13. 南阳:今湖北襄阳,诸葛亮出山前曾在南阳庐中隐居躬耕。14. 子云:汉代扬雄的字。15. 何陋之有:之,表宾语提前,全句意为"有何陋"。

【串译】山不一定要高,有仙人(居住)就有名;水不一定要深,有龙(居住)就有灵气了。这是间简陋的房子,只是因为我(住屋的人)的品德高尚就不感到简陋了。苔痕碧绿长到阶上,草色青葱映入帘里。与我谈笑的都是博学的人,往来的没有不懂学问的。可以弹奏素朴的古琴,阅读佛经。没有(嘈杂的)音乐扰乱双耳,没有官府公文劳累身心。(它好比)南阳诸葛亮的草庐,西蜀扬雄的云亭。孔子说:有什么简陋的呢?

【诵读提示】古代刻在器物上用来警戒自己或者称述功德的文字叫作"铭",后来逐渐发展演变为一种独立的应用文体。本文通过简要而生动地描述"陋室"内外的情景和分析证明"陋室不陋"的原因,表达了作者安贫乐道的生活情趣和高洁傲岸的道德情操。

全文可分为三个部分。第一部分(1—3句),开篇16字,以山水起兴,引入正题,为对陋室的歌颂功德埋下伏笔,奠定基调。诵读时应注意于语态之中肯定地表露出文章的条理性,揭示事物存在的本质意义。第二部分(4—7句),写陋室环境与丰富多彩的日常生活。这几句的诵读应描画出一幅"神仙"式的生活卷景,要表达的是陋室主人雅致淡泊的生活情趣。语态要轻盈秀丽、怡然自得。第三部分(8—9句),结句引用"孔子云:何陋之有?"收束全篇,说明陋室"不陋"。用圣人肯定的操守来规范要求自己,也许就是作者对自己道德品质的最高要求。结句"何陋之有"为全篇情绪和声音的高点,应达到最"爆"。将"何陋"两字高高挑起,狠狠"叼"住,重重着色,反问之中坚定不移地肯定之,理正势强,给人强有力的冲击,振聋发聩。

知识链接

刘禹锡:(772—842),彭城人,唐代中期诗人、哲学家。政治家上主张革新,曾和柳宗元等参加永贞政治革新的王叔文集团,失败后被贬为郎州司马、连州刺史,晚年任太子宾客。公元822年,刘禹锡到三峡创作了《竹枝词九首并序》《竹枝词二首》,被白居易推崇备至,誉为"诗豪"。其代表作有《乌衣巷》《秋词》《竹枝词》《杨柳枝》《酬乐天扬州初逢席上见赠》等。

马说
韩愈

世/有/伯乐,/然后/有/千里马。//千里马/常有,/而/伯乐/不常有。//故/虽有名马,/只/辱于/奴隶人/之手,/骈(pián)死于/槽枥/之间,//不/以/千里称也。//

马之千里者,/一食(shí)/或/尽粟/一石

(dàn)。//食(sì)马者,/不知/其能千里/而/食也。/是马也,/虽有/千里之能,/食/不饱,/力不足,/才美/不外见(xiàn),/且/欲与/常马等/不可得,//安/求/其/能千里也?//

策之/不以其道,/食(sì)之/不能尽其材,/鸣之/而/不能通其意,/执策/而/临之/曰:"天下/无马。"///呜呼!/其/真无/马邪(yé)?/其/真不知/马也!

【注释】1.伯乐:秦穆公时人,姓孙,名阳,善相马。2.辱:屈辱、埋没。3.骈:成双成对。4.枥:指养马处所。5.或:有时。6.尽粟一石:吃尽一石粟。石:十斗为一石。7.食:同"饲",喂养。8.其:指千里马。9.能千里:能走千里。10.是:这,指示代词。11.能:才能。12.才美不外见:才能和长处不能表现在外。见:同"现",表露、显现。13.且:将。14.以其道:用(对待)它的办法。15.尽其材:全面发挥它的才能。材,同"才",此指行千里的才能。16.鸣之:吆喝它。17.通其意:跟它的心意相通。18.执策:拿着马鞭。策:赶马的鞭子。19.临之:临视着马。临:从高处往下看。20.其:语气助词,加强反问语气。21.邪:通"耶",表示疑问,相当于"吗"。

【串译】世上有了伯乐,然后才会有千里马。千里马是经常有的,可是伯乐却不经常有。因此,即使是很名贵的马也只能在仆役的手下受到屈辱,跟普通的马一起死在马厩里,不能获得千里马的称号。

日行千里的马,一顿或许能吃下一石粮食。喂马的人不懂得要根据它日行千里的本领来喂养它。(所以)这样的马,虽有日行千里的能耐，却吃不饱，力气不足，它的才能和美好的素质也就表现不出来，想要跟普通的马相等尚且办不到，又怎么能要求它日行千里呢？

鞭策它，不按正确的方法，喂养又不足以使它充分发挥自己的才能，听它嘶叫却不懂得它的意思，(反而)拿着鞭子站在它跟前说："天下没有千里马！"唉！难道果真没有千里马吗？其实是他们真不识得千里马啊！

【诵读提示】说，是古代一种议论文体，用以陈述作者对某些社会问题的观点，大致相当于现代"谈谈"的意思。语言简洁明了，寓意深刻，写法灵活，与现代杂文大体相似。此文原为韩愈《杂说》第四篇，寄托作者的愤懑不平和穷困潦倒之感，并对统治者埋没、摧残人才进行了讽刺、针砭和控诉。

此文第一段从千里马对伯乐的依赖关系出发，说明千里马才能的被埋没是不可避免的。一开篇就用"世有伯乐，然后有千里马"点出论证的前提。然后趁势而下，说到千里马命运上来，描绘了千里马被埋没的具体情形，引人深思。诵读这一段，要提出问题，要强调知马者唯伯乐这个意思，为下文揭露"食马者"的"不知马"张本。第二段揭示千里马被埋没的根本原因。这段诵读的语气要明显地从反面证明"世有伯乐，然后有千里马"的道理。"食不饱，力不足，才美不外见，且欲与常马等不可得"应一口气贯下来。"安"字提起来，语气重，成色深，强度大。第三段归纳全文中心，对"食马者"的无知妄说进行辛辣的嘲讽。诵读"执策而临之"，要表现出这种人洋洋自得、以"知马者"自居的神情，妄说"天下无马"，生动地揭露出这种人的愚蠢、荒唐。"呜呼"要提领出作者的感慨。"其真无马邪"是对"食马者"的反诘，用来为下句蓄势；然后以"其真不知马也"作答，结束全文。诵读"其真无马邪？"句要挑起句势来，反问要加强力度，引人思考；

"其真不知马也!"重点词应是"不知",给足分量和感觉,"马"字放下来,押住。有的诵读者习惯在"马"字上挑起,结果使了拙劲也没将意思表达清楚。

知识链接

韩愈:(768—824),唐代文学家、哲学家。他是唐代古文运动的倡导者,世人盛称其"文起八代之衰",在文学成就上同柳宗元齐名,称为"韩柳"。一生以天下为己任,始终奉行"达则兼济天下",从来也没有甘心"穷则独善其身"的地位,其政治品德使其成为一代师表。其在文学和哲学上的成就使其教育思想大放异彩,开启了宋明理学的前导,至今仍具有旺盛的生命力。

唐宋八大家:韩愈、柳宗元、欧阳修、苏洵、苏轼、苏辙、王安石、曾巩。

师说
韩愈

古之/学者/必/有师。//师者,/所以/传道/受业/解惑也。//人/非/生而知之者,/孰能无惑?/惑/而/不从师,/其/为惑也,/终/不解矣。//生乎吾/前,/其闻道也/固/先乎吾,/吾/从而师之;/生乎吾/后,/其闻道也/亦/先乎吾,/吾/从而师之。//吾/师道也,/夫(fú)/庸知/其/年之先后/生于吾乎?//是故/无贵无贱,/无长无少,/道/之所存,/师/之所存也。///

嗟乎！/师道之不传也/久矣！/欲/人之无惑也/难矣！//古之圣人，/其/出人也/远矣，/犹且/从师而问焉；/今之众人，/其/下圣人也/亦远矣，/而/耻学于师。//是故/圣益圣，/愚益愚。//圣人/之所以为圣，/愚人/之所以为愚，/其/皆出于此乎！//爱其子，/择师/而/教之；/于/其身也，/则/耻师焉，/惑矣！//彼/童子之师，/授之书/而/习其句读(dòu)者也，/非/吾所谓/传其道解其惑者也。/句读/之/不知，/惑之不解，/或师焉，/或不(fǒu)焉，/小学/而/大遗，/吾/未见其明也。//巫医/乐师/百工之人，/不耻相师。/士大夫之族，/曰师/曰弟子云者，/则/群聚/而/笑之。/问之，/则曰："彼与彼/年/相若也，/道/相似也。/位卑/则/足羞，/官盛/则/近谀(yú)。"//呜呼！/师道之/不复，/可知矣！//巫医乐师百工之人，/君子不齿，/今/其智乃/反不能及，/其/可怪也欤(yú)？///

圣人/无常师。//孔子/师/郯(tán)子、苌(cháng)弘、师襄、老聃(dān)。//郯子之徒，/其贤/不及/孔子。/孔子曰："三人行，/则/必有我师。"//是故/弟子/不必/不如师，/师/不必/贤于弟子，/闻道/有先后，/术业/有专攻，/如是/而已。///

李氏/子/蟠(pán)，/年/十七，/好/古文，/六艺经传(zhuàn)/皆/通习之，/不/拘于时，/学/于余。//余/嘉/其/能行古道，/作《师说》/以/贻(yí)/之。

【注释】1. 道:指儒家孔子、孟子的哲学、政治等原理、原则。2. 受:通"授"。3. 业:泛指古代经、史、诸子之学及古文写作。4. 师:学习、从师。5. 庸:岂,表示反问的语气。6. 句读:句逗。古代称文辞意尽处为句,语意未尽而需停顿处为读(逗),句号为圈,逗号为点。古书上没有标点,私塾先生要进行句逗的教学。7. 巫医:古代用祝祷、占卜等迷信方法或兼用药物医治疾病为业的人被称为巫师或医师。8. 百工:主管营建制造的工官,沿用为各种手工业者和手工业行业的总称。9. 谀:奉承、谄媚。10. 君子:地位高或品德高的人,这里用前一种意思,相当于士大夫。11. 不齿:不屑与之同列,表示鄙视。12. 郯子:春秋郯国国君。13. 苌弘:东周敬王时候大夫,孔子曾向他请教古乐。14. 师襄:春秋时鲁国乐官,孔子曾向他学习弹琴。老聃:老子,春秋时思想家,道家创始人。15. 李蟠:唐德宗贞元年间进士。16. 古文:秦汉时文章。17. 六艺:指六经,即《诗》《书》《礼》《乐》《易》《春秋》六部儒家经典。18. 传:注解经典的著作。19. 贻:赠。

【串译】古代求学的人必定有老师。老师,是传授道理、讲授学业、解答疑难问题的人。人不是一生下来就懂得道理的,谁能没有疑惑?有了疑惑,如果不跟老师学习,那些疑难问题就始终得不到解答。出生在我前头的人,他懂得道理本来早于我,我应该跟他学;出生在我后面的人,如果他懂得道理也早于我,我也应该把他当作老师。我是向他学习道理啊,哪管他的出生比我早还是比我晚呢?因此,无论地位高低贵贱,无论年纪大小,道理存在的地方,就是老师所在的地方。

唉,古代从师学习的风尚不得流传已经很久了,要想人没有疑惑就难了!古代圣人,他们超出一般人很远,尚且要跟从老师请教;现在的一般人,他们的才智低于圣人很远,却以向老师学习为耻。因此,圣人就更加圣明,愚人就更加愚昧。圣人之所以能成为圣人,愚人之所以成为愚人,原因大概都出在这里吧!人们爱他的孩子,就选择老师来教他。但是对他自己呢,却以跟老师学习为可耻,真是糊涂啊!那些孩子们的老师,是教孩子们文字,帮助他们学习断句的,并不是我所说的能传授大道理的。连书本上的字句都不理解,疑难问题就不能解决,有的向老师学习,有的不向老师学习;小的方面学习,大的方面却反而不学,我看不出那种人是明白事理的!巫医乐师和各种工匠,他们不以互相学习为耻。士大夫一类的人,一听到有人称"老师"称"弟子"等,就聚在一起讥笑人家。问他们为什么讥笑,他们就说:"那个人同那个人年龄差不多,道德学问也差不多啊。以地位低的人为师羞耻啊,以官职高的人为师就近乎谄媚!"唉!古代那种跟从老师学习的好风尚不能恢复,从这些话里就可以明白了。巫医乐师和各种工匠,君子们认为是不值得一提的,现在君子们的见识竟反而比不上他们,可真奇怪啊!

圣人没有固定的老师,孔子曾以郯子、苌弘、师襄、老聃为师。郯子这些人,他们的贤能都比不上孔子。孔子说:"三个人同行,里面一定有可以当我的老师的人。"因此,学生不一定不如老师,老师不一定都比学生贤能,老师和学生的区别只是听到道理有的早有的迟,学问和技艺各有各的专长,只是如此罢了。

李家的孩子叫蟠的,十七岁,喜欢古文,六经的经文和传文都普遍学习了,他不受时俗的限制,向我学习。我赞许他能够遵行古人从师的正道,(于是)写这篇《师说》送给他。

【诵读提示】这是一篇著名的论说文,文中说明教师的重要作用、从师学习的必要性以及择师的原则,抨击当时士大夫之族耻于从师的错误观念,倡导从师而学的风气。

此篇四个自然段可视为四个层段。第一层段:提出中心论题,并以教师的职能作用总论从师的重要性和择师的标准,这是开宗明义的写法。开篇第一句"古之学者必有师",诵读时要注意"下定义"和"作结论"的语气,给出一个明确的定义,以确定为师的职责。"必有"二字,语气极为肯定。"生乎吾前,其闻道也固先乎吾,吾从而师之;生乎吾后,其闻道也亦先乎吾,吾从而师之。"这两个分句解释起来并不困难,需要突出的是"吾前"的"前"和"吾后"的"后"字、"固先乎吾"的"固"和"亦先乎吾"的"亦"字。"吾师道也,夫庸知其年之先后生于吾乎"句,根据文义应刻意强调的是"道"字和"年"字。"夫"是发语词,阳平,拉长字节,稍作甩腔。最后紧扣"传道"二字,阐明道之有无是择师的唯一标准,一反时俗,将贵贱长少排出标准之外,为下文针砭时弊张本。第二层段:批判不重师道的错误态度和耻于从师的不良风气。此段诵读要加强对比性的论证过程,分三层论述。第一层,把"古之圣人"从师而问和"今之众人"耻学于师相对比,指出是否尊师重道是圣愚分野的关键所在;第二层,以为子择师而自己不从师作对比,指出"小学而大遗"的谬误;第三层,以巫医乐师百工之人与士大夫之族作对比,批判当时社会上轻视师道的风气。这三层都需用语气控制造成强烈的反差效果,内在语的给定可以是"反而",承接上文。第三层段:以孔子为例,指出古代圣人重视师道的事迹,进一步阐明从师的必要性和以能者为师的道理。这一段开头先提出"圣人无常师"的论断,与第一段"古之学者必有师"呼应,并且往前推进一步,由"学者"推进到"圣人",由"必有师"推进到"无常师"。"弟子不必不如师,师不必贤于弟子,闻道有先后,术业有专攻"是千古至理,诵读的语气要坚定,力道要劲足,语势稳中稍扬。第四层段:赞扬李蟠"不拘于时""能行古道",说明写作本文的缘由。诵读的任务是将写作事由交代清楚。

全文一共用了14个"其"字,有的表人称代词,有的是指示代词,有的是副词,都不能咬字太实,要与前后字黏结起来表意。文中还用了10个"吾"字,表第一人称代词"我",现代标准读音为阳平 wú,不要误读成上声。

以铜为鉴(一则)
李世民

以/铜/为鉴,/可/正/衣冠;//以/古/为鉴,/可/知/兴替;//以/人/为鉴,/可/明/得失。

【串译】人们用铜做成镜子,可以用来整齐衣帽;将历史作为镜子,可以观察到历朝的兴衰隆替;将人比作一面镜子,可以确知自己行为的得失。

【诵读提示】这是唐太宗李世民悼念魏征时所说的,载于欧阳修、宋祁编撰的《新唐书》。从句子结构上来看,这句话可以划分为三部分,三个简单分句是递进的关系。第一,镜子可以帮助人梳理打扮,经过打扮的人会有清洁干净的外表。这是外在的、形象上的。第二,以古为鉴是个比喻,说的是参照历史典故,知晓亡朝灭国的原因,就可以督促自己不重蹈覆辙,懂得怎样才能更好地治理国家。这是更深一层,是知识层面和道的层面的。第三,以人为鉴,也是比喻,说的是参照别人对你的评价或褒贬,可以知道自己行为的成败得失,才能不断修正自己,做个好人。

> **知识链接**
>
> 李世民：唐太宗，唐朝第二位皇帝，名字意思是"济世安民"。陇西成纪人。为帝后积极听取群臣的意见、努力学习文治天下，是中国历史上最著名的政治家与明君之一，开创了历史上的"贞观之治"。他消灭割据势力，虚心纳谏，在国内厉行节约，使百姓休养生息，出现了国泰民安的局面，为后来全盛的开元盛世奠定了重要基础，将中国传统农业社会推向鼎盛时期。

谏太宗十思疏（节选）

魏征

臣闻:/求/木之长(zhǎng)者,/必/固其根本;/欲/流之远者,/必/浚其泉源;/思国之安者,必积其德义。//源不深/而/望流之远,/根不固/而/求木之长,/德不厚/而/思国之安,/臣虽/下愚,/知其不可,/而/况于/明哲乎?//人君/当/神器之重,/居/域中之大,/不念/居安思危,/戒奢以俭,/斯/亦/伐根以求木茂,/塞源/而欲流长(cháng)也。///

诚/能/见可欲,/则思/知足以自戒;//将有作,/则思/知止以安人;//念高危,/则思/谦冲而自牧;//惧满溢,/则思/江海下百川;//乐盘游,/则思/三驱以为度;//忧懈怠,/则思/慎始而敬终;//虑壅(yōng)

蔽,/则思/虚心以纳下;//惧谗邪,/则思/正身以黜(chù)恶(è);//恩所加,/则思/无因喜以谬赏;//罚所及,/则思/无以怒而滥刑。///总此十思,/宏此九德。//简能/而/任之,/择善/而/从之,/则/智者/尽其谋,/勇者/竭其力,/仁者/播其惠,/信者/效其忠。//文武并用,/垂拱而治。/何必/劳神苦思,/代/百司之职役哉!

【注释】1.固:使……稳固。2.远:使……流得远。3.浚:疏通、深挖。4.当:主持、掌握。5.神器:帝位。6.居域中之大:占据天地间的一大。7.域中:天地间。8.以:用、行。9.凡百:所有的。10.景:大。11.克:能够。12.盖:承接上文,表示推断原因,不十分肯定。13.殷:深。14.傲物:看不起别人。物:这里指自己以外的人。15.董:督责、监督。16.振:同"震",威吓。17.作:兴作、建筑,指兴建宫室之类。18.谦冲:谦虚。19.自牧:自我修养。20.下:居于……之下。21.盘游:打猎游乐。22.敬:慎。23.黜:排斥。24.宏:使……光大。25.兹:此。26.九德:指忠、信、敬、刚、柔、和、固、贞、顺。27.简:选拔。28.百司:百官。

【串译】我听说,要求树木生长,就一定要加固它的根本;想要河水流得长远,就一定要疏通它的源头;想使国家安定,就一定要积聚自己的道德仁义。水源不深却希望水流得长远,根不牢固却要求树木生长,道德不深厚却想使国家安定,我虽然十分愚笨,也知道那是不可能的,更何况明智的人呢?国君掌握着帝王的大权重任,处于天地间至尊的地位,不考虑在安逸的环境中想到危难,戒除奢侈而厉行节俭,这也就像砍断树根却要树木长得茂盛,堵塞泉源却希望流水长远一样啊!

果真能够做到：见了想要得到的东西，就想到知足以警戒自己；将要大兴土木，就想到要适可而止以使百姓安宁；考虑到帝位高随时会有危险，就想到要谦虚，并且加强自我修养；害怕骄傲自满，就想到江海是居于百川的下游；喜欢打猎游乐，就想到每年三次的限度；担心意志懈怠，就想到做事要始终谨慎；忧虑会受蒙蔽，就想到虚心接纳下属的意见；害怕谗佞奸邪，就想到端正自身以斥退邪恶小人；加恩于人时，就想到不要因为一时高兴而赏赐不当；施行刑罚时，就想到不要因为正在发怒而滥施刑罚。完全做到上述十个方面，扩大九德的修养，一定会得到很多补益。选拔有才能的人而任用他，选择好的意见而听从它，那么，聪明的人就会竭尽他们的智谋，勇敢的人就会竭尽他们的气力，仁爱的人就会广施他们的恩惠，诚实的人就会奉献他们的忠诚。文臣武将都得到任用，就可以垂衣拱手，安然而治了。何必劳神苦思，代行百官的职务呢！

【诵读提示】此文以"思"为线索，论说执政者欲长治久安之十戒。共有三个自然段，本则所选的是第一、三自然段。分为三层：第一层，以"固本思源"为喻，说明"居安思危，戒奢以俭"的重要性。第二层提出"居安思危"的具体做法，即"十思"。"十思"就是十条劝诫，句句坦诚，字字惊心。第三层从正面论述做到"十思"的好处，描绘出"垂拱而治"的政治理想。其中提到的"简能而任之，择善而从之"，即"用人""纳谏"策略，实际上已成为初唐的治国方略。在艺术表现上，比喻、排比和对仗等修辞手法的综合运用，使得文章说理透彻，音韵铿锵，气势充沛。

诵读此篇，第一要注意"口气"。魏征虽说是唐太宗的大臣，两人之间属君臣关系，下对上、臣对君的态度本应是恭谨小心、毕恭毕敬的，行文的遣词造句也是不能有丝毫僭越的，但是唯独魏征与唐太宗有些例外。魏征作为唐太宗的谏臣，为了维护和巩固李唐王朝的封建统治,竭诚辅佐,加之性格耿直,往往据理抗争,最后唐太宗基本上按照魏征的建议行事。所以开句"臣闻"的口气就应是不卑不亢,直抒其理。第二,注意文中论述时的排比句式,尽展铺排罗列、勾连而下的不凡气势,以增强文章的表现力。第三,作者要表达的重点是"十思"。运用了三七式的句式,排比不能厚此薄彼,应一列摆开,一条条地叙述清楚。进入第三层,要加强语势,强化情感浓度,深切挚恳地表述"十思"后的效用,这才是唐太宗最爱听的,也是此奏疏之所以为唐太宗所用,继而能够流芳百世的原因所在。

知识链接

魏征:(580—643),巨鹿人,唐朝政治家,曾任谏议大夫、左光禄大夫,封郑国公,以直谏敢言著称,是中国历史上最负盛名的谏臣。曾为李密参军,后降唐,被太子李建成用为僚属。玄武门之变后,李世民任为谏官,经常询问政事得失,曾先后陈谏200多次,劝诫太宗以历史教训为鉴,励精图治,任贤纳谏,无不受到采纳。贞观十年,奉命主编《隋书》《周书》《梁书》《陕书》《齐书》(时称五代史)等,历时七年。病逝后,太宗亲临吊唁,痛哭失声。

(二)

重点、难点:叙事、抒情散文(序、铭)的语态、节奏等诵读技巧。

黔之驴
柳宗元

黔/无驴,/有/好事者/船载以入。//至/则/无可用,/放之山下。//虎/见之,/庞然大物也,/以为/神,/蔽/林间/窥之。//稍出近之,/慭(yìn)慭然/莫/相知。///

他日,/驴/一鸣,/虎/大骇,/远遁,/以为/且噬(shì)己也,/甚恐。//然/往来视之,/觉/无异能者;/益习其声,/又/近出前后,/终/不敢搏。//稍近,/益狎(xiá),/荡、/倚、/冲、/冒。/驴/不胜怒,/蹄之。//虎因喜,/计之曰,/"技止此耳!"//因/跳踉(liáng)大㘎(hǎn),/断其喉,/尽其肉,//乃去。//

噫(yī)!//形之庞也/类有德,/声之宏也/类有能,//向/不出其技,/虎虽猛,/疑畏/卒不敢取。//今/若是焉,//悲夫(fú)!

【注释】1.黔:唐代黔中道,辖境相当于今湖南沅水澧水流域、湖北清江流域、重庆黔江流域和贵州东北一部分。2.船:这里指用船的意思。3.慭慭然:小心谨慎的样子。4.大骇:非常害怕。5.然:然而、但是、却。6.益:渐渐、更。7.习:熟悉。8.狎:态度亲近而不庄重。9.荡倚冲冒:形容虎对驴轻侮戏弄的样子。10.荡:碰撞。11.倚:靠近。12.冲:冲击。13.冒:冒犯。14.蹄:

名词作动词,用蹄子踢。15. 计之:盘算这件事。16. 止:通"只"。17. 跳踉:跳跃。18. 㘎:怒吼。19. 乃:才。20. 类有德:好像有德行的样子。21. 宏:洪亮、大。22. 向:当初。23. 若是:如此。24. 悲夫:可悲啊!夫,语气词。

【串译】贵州这地方本没有驴,喜欢多事的人用船运了一头驴来。运到之后却没有什么用途,就把它放在山脚下。一只老虎看到它,觉得是个形体高大、强壮的家伙,以为是个神奇的东西,便隐藏在树林中偷看它。过了一会儿,才渐渐靠近它,小心翼翼的,不知道它究竟是什么东西。

有一天,驴叫了一声,老虎大吃一惊,逃得远远的,认为它将会咬自己,非常害怕。可是来来回回地观察它,感到它没有什么特别的本领似的;渐渐听惯了它的叫声,就又走近它的身前身后,但终究不敢向它进攻。老虎又渐渐靠近驴,进一步戏弄它,摇晃、依偎、冲击、顶撞。驴子忍不住发怒了,就用蹄子踢老虎。老虎却因此高兴起来,在心里盘算着这件事:驴的本领不过如此罢了!于是跳起来大声吼叫,咬断驴的喉咙,吃光了它的肉,才离开。

唉!体形庞大也好像有修养,声音洪亮也好像有本领,当初如不显示它的本领,老虎即使凶猛,也始终不敢攫取。现在竟成了这个样子,可悲啊!

【诵读提示】《黔之驴》是柳宗元作品《三戒》中的一篇,《三戒》含《临江之麋》《黔之驴》《永某氏之鼠》三篇寓言。联系作者的政治遭遇可知,本文所讽刺的是当时统治集团中官高位显、仗势欺人而又无才无德、外强中干的上层人物。本文可分为三部分。第一部分:写驴子刚被运到黔地后,老虎最初见到它时那种恐惧、谨慎的心理和表现。第二部分:老虎逐步试探、了解驴子并最后把它吃掉的经过。第三部分:议论驴子的可悲。本文又由六个层次构成,反映了老虎的心理变化过程,也是老虎认识驴子的经过,推动情节发展:以为神——憖憖然——大骇——甚恐——益狎——因喜。

诵读此篇,要注意以下三个方面:第一,站在作者的立场,歌颂老虎的机智英勇,鞭挞黔之驴的愚笨无能及可悲下场。第二,老虎对待驴子有个心理转换过程,诵读时应紧扣这条线索,逐一渐进地演绎老虎与驴子搏斗的情节。情节的描述很有意思,也很热闹,要"讲"得饶有兴致。"乃去"两个字,就足以表现出那老虎"断其喉,尽其肉"吃饱后扬长而去的得意自足的神态。有声语言的加工创意、二度创作后所表现出的语感,有时是即便妙笔生花也难以说得清楚。第三,文中动作描写较多,语态应富有动作感,如"船载以入""放之山下""蔽林间窥之""稍出近之""大骇""远遁""甚恐""往来视之""近出前后""益狎""荡、倚、冲、冒""蹄之""跳踉大㘎""断其喉,尽其肉""乃去"。

知识链接

柳宗元:(773—819),河东人。唐代文学家、哲学家、散文家和思想家,与韩愈、欧阳修、苏洵、苏轼、苏辙、王安石、曾巩并称为"唐宋八大家";与韩愈共同倡导唐代古文运动,并称"韩柳";与刘禹锡并称"刘柳";与王维、孟浩然、韦应物并称"王孟韦柳",世称"柳河东"或"柳柳州"。积极参与王叔文集团政治革新,失败后被贬为邵州刺史、永州司马,写下著名的永州八记。宪宗元和十年出为柳州刺史,政绩卓著。元和十四年卒于柳州。一生留诗文作品达600余篇,其文成就大于诗,骈文近百篇,由刘禹锡保存下来,并编成《柳河东集》。

阿房宫赋(节选)
杜牧

六王/毕,/四海/一。/蜀山/兀,/阿(ē)房(páng)/出。//覆压/三百余里,/隔离天日。/骊(lí)山/北构/而/西折,/直走咸阳。//二川溶溶,/流入宫墙。/五步一楼,/十步一阁;/廊腰缦(màn)回,/檐牙高啄;/各抱地势,/钩心斗(dǒu)角。//盘盘焉,/囷囷(qūn)焉,/蜂房水涡,/矗不知/其/几千万落。//长桥卧波,/未云何龙?/复道行空,/不霁(jì)何虹?/高低冥迷,/不知西东。//歌台暖响,/春光融融;/舞殿冷袖,/风雨凄凄。//一日之内,/一宫之间,/而/气候不齐。///

妃嫔(pín)媵(yìng)嫱(qiáng),/王子皇孙,/辞楼下殿,/辇(niǎn)来于秦。//朝(zhāo)歌夜弦,/为秦宫人。//明星荧荧,/开妆镜也;/绿云扰扰,/梳晓鬟(huán)也;/渭流涨腻,/弃脂水也;/烟斜雾横,/焚椒兰也。//雷霆乍惊,/宫车过也;/辘辘远听,/杳(yǎo)/不知其所之也。//一肌一容,/尽态极妍(yán),/缦立远视,/而望幸焉。/有/不得见者,/三十六年。//燕赵之收藏,/韩魏之经营,/齐楚之精英,/几世几年,/剽(piāo)掠其人,/倚叠如山。//一旦/不能有,/输来其间。/鼎铛(chēng)玉石,/金块珠砾,/弃掷逦(lǐ)迤(yǐ),/秦人视之,/亦/不甚惜。

【注释】1. 阿房宫:"阿"字是感叹的意思,为秦国方言。"房"字的读音为 páng,通"庞大"之意。根据古文规范,应当读假借之字的字音,所以"阿房宫"应读为 ē páng gōng。2. 六王毕:六国灭亡了。六王:韩、赵、魏、楚、燕、齐六国国王,即指六国。3. 兀:山高而平,这里形容山上树木已被砍伐净尽。4. 走:趋向。5. 二川:指渭水和樊川。6. 萦:萦绕。7. 回:曲折。8. 钩心斗角:指宫室结构的参差错落,精巧工致。钩心:指各种建筑物都向中心区攒聚。斗角:指屋角互相对峙。9. 盘盘焉,囷囷焉,蜂房水涡:盘旋、屈曲,像蜂房、像水涡。焉,相当于"然"。盘盘:盘旋的样子。囷囷:曲折回旋的样子。10. 复道:在楼阁之间架木筑成的通道。因上下都有通道,叫作复道。11. 冥迷:分辨不清。12. 融融:和乐。13. 荧荧:明亮的样子。14. 涨腻:涨起了。15. 脂水:含有胭脂、香粉的洗脸水。16. 椒兰:两种香料植物,焚烧以熏衣物。17. 杳:无影无声,形容声音的遥远。18. 妍:美丽。19. 缦立:久立。缦,通"慢"。20. 倚叠:积累。21. 鼎铛玉石,金块珠砾:把宝鼎看作铁锅,把美玉看作石头,把黄金看作土块,把珍珠看作石子。22. 逦迤:连续不断。

【串译】六国灭亡,秦始皇统一了中国。蜀山的树木被伐光了,阿房宫才盖起来。(阿房宫)占地三百多里,楼阁高耸,遮天蔽日。从骊山之北构筑宫殿,曲折地向西延伸,一直修到咸阳。渭水和樊川两条河,水波荡漾流入宫墙。五步一栋楼,十步一座阁;走廊曲折像缦带一般回环,飞檐像禽鸟在高处啄食;楼阁各依地势的高下而建,像是互相环抱,宫室飞檐斗拱,像钩一样彼此联结着。盘旋地、曲折地,密接如蜂房,回旋如水涡,不知矗立着几千万座。长桥横卧在渭水上,天上没有云,怎么出现了龙?在楼阁之间架木筑成的通道横空而过,彩色斑斓,不是雨过天晴,哪里来的彩虹?楼阁随着地势高高低低,使人迷糊,辨不清东西方向。台上歌声悠扬,充满暖意,使人感到有如春光那样和煦;殿中舞袖飘拂,好像带来阵阵寒意,使人感到风雨交加那样凄冷。就在同一天,同一座宫里,气候竟会如此不同。

　　那些亡国的妃嫔和公主们,辞别了自己国家的楼阁、宫殿,被一车车送来秦国。日夜献歌奏乐,成了秦宫里的宫女。星光闪烁,原来是她们打开了梳妆镜子;绿云缭绕,原来是她们正在早晨梳理发髻;渭水河面上浮起一层垢腻,原来是她们泼掉的脂粉水;空中烟雾弥漫,是她们在焚烧椒兰香料。皇帝的宫车驰过,声如雷霆,使人骤然吃惊;听那车声渐远,也不知驰到哪儿去了。宫女们用尽心思修饰容貌,打扮得极其娇媚妍丽,耐心地久立远视,盼望皇帝能亲自驾临。可是有许多宫女整整等了三十六年,还未见到皇帝。燕、赵、韩、魏、齐、楚收藏的财宝,聚敛的金玉,搜求的珍奇,这都是多少世代、多少年月以来,从人民那里掠夺来的,堆积得像山一样。一旦国家灭亡,不能占有了,统统运进了阿房宫。在这里把宝鼎当作铁锅,把美玉当作石头,把黄金当作土块,把珍珠当作沙石随意丢弃,秦人看见了也不觉得可惜。

　　【诵读提示】赋的形式似散文,又有诗的韵律,是一种介于诗歌和散文之间的边缘文体。一般来说,诗大多为情而造文,而赋常常为文而造情。诗以抒发情感为重,赋以叙事状物为主。赋大体分为骚体赋、四言诗体赋、七体赋和散体赋(或称大赋),都比较接近于散文,其似诗似文的特征与现代文学中的散文诗有些相像。赋在语句上以四六字句为主,句式错落有致并追求骈偶;语音上要求声律谐协;文辞上讲究藻饰和用典;内容上侧重于写景,借景抒情。排偶和藻饰是汉赋的一大特征。经历长期的演变过程,发展到中唐在古文运动影响下,出现了散文化的趋势,不讲骈偶、音律,句式参差,押韵也比较自由,形成散文式的清新流畅的气势,叫作"文赋"。我们所选《阿房宫赋》《秋声赋》《前赤壁赋》都属于这种文赋。

  本文节选的是《阿房宫赋》的前半部分。两个自然段以极其铺陈夸张的手法,描写秦始皇的荒淫奢侈。第一段诵读的语气、行腔应略显夸张,在开句"六王毕,四海一。蜀山兀,阿房出"之后,应逐渐进入对阿房宫的描摹,声音可做虚化处理,意在"夸"阿房宫楼阁建筑的工程浩大、宏伟壮丽。阿房宫无论对后世有多大的价值,都是搜刮老百姓的民脂民膏堆积起来的。第二段诵读应表现出宫廷生活的奢靡和腐朽,咬字要扎实,心中要有视像,人物活动要有"动"的轨迹,要看得见,诵得真。内容虽多但条理不能乱,六个"也"的连续运用,应在语气上体现出铺排的功用。"赋"是介于诗和散文之间的一种体裁,讲求字句的整齐和声调的和谐,描写事物极尽铺陈夸张之能事。这两个自然段无论是描写还是议论都充满了激情,有时骈散兼行,于整齐中有变化;有时比喻贴切,生动形象;有时运用排比句式,使文章气势充沛。诵读时如果对"赋"的这些特点有所了解,就能充分施展其所长,表达时就能把握得体、游刃有余。

> **知识链接**
>
> 杜牧:(803—852),字牧之。早年颇有抱负,主张削平藩镇,抗击吐蕃、回纥的侵扰,加强国防,以拯救日趋衰败的唐王朝。晚年渐趋保守消极。工诗、赋、文、辞,以诗歌创作成就最大。散文以议论见长,气势纵横,敢于论列军国大事,指陈时弊,具有较强的现实性。其诗意境清新,风格豪健俊爽,在晚唐轻浮艳丽的文坛上独树一帜。后人因称他为"小杜",以继杜甫;又因和李商隐齐名,被称为"小李杜"。

岳阳楼记

范仲淹

庆历/四年/春,滕子京/谪(zhé)守/巴陵郡。//越/明年,/政通人和,/百废俱兴,/乃/重修/岳阳楼,/增其旧制,/刻/唐贤今人诗赋/于/其上,/属(zhǔ)//作文/以/记之。///

予/观夫(fú)/巴陵胜状,/在/洞庭一湖。//衔远山,/吞长江,/浩浩汤(shāng)汤,/横无际涯;/朝晖夕阴,/气象万千。/此则/岳阳楼/之/大观也,/前人/之/述/备矣。//然则/北通巫峡,/南极潇湘,/迁客骚人,/多会于此,/览物之情,/得无异乎?///

若夫/霪雨霏霏,/连月不开,/阴风怒号,/浊浪排空;/日星隐耀,/山岳潜形;/商旅不行,/樯倾楫摧;/

薄暮冥冥,虎啸猿啼。//登/斯楼也,/则有/去国怀乡,/忧谗畏讥,/满目萧然,/感极/而/悲者矣。///

至若/春和景明,/波澜不惊,/上下天光,/一碧万顷;/沙鸥翔集,/锦鳞游泳;/岸芷汀(tīng)兰,/郁郁青青。/而或/长烟一空,/皓月千里;/浮光跃金,/静影沉璧;/渔歌互答,/此乐何极!//登斯楼也,/则有/心旷神怡,/宠辱皆忘,/把酒临风,/其喜洋洋者矣。///

嗟夫!//予/尝求/古仁人之心,/或异二者之为,/何哉?//不以物喜,/不以己悲;//居庙堂之高,/则忧其民;/处江湖之远,/则忧其君。//是/进亦忧,/退亦忧。//然则/何时而乐耶?/其/必曰"先/天下之忧/而忧,/后/天下之乐/而乐"欤(yú)!//噫(yī)!/微斯人,/吾/谁/与归?///时/六年/九月/十五日。

【注释】1.谪:封建王朝官吏降职或远调。2.守:做州郡的长官。3.巴陵:郡名,现今岳阳。4.越明年:到了第三年(就是庆历六年)。越:超过、过了。5.属:通"嘱",嘱托。6.作文:写文章。7.记:记叙。8.胜状:胜景。9.衔:包含。10.吞:吞吐。11.浩浩汤汤:水波浩荡的样子。12.横无际涯:宽阔无边。际:专指陆地边界;涯:专指水的边界。13.大观:雄伟景象。14.然则:虽然如此,那么。15.迁客:谪迁的人。16.骚人:诗人。17.会:聚集。18.若夫:用在一段话的开头以引起下文。下文的"至若"同此。19.淫雨:连绵的雨。20.霏霏:雨繁密的样子。

21. 开：放晴。22. 阴：阴冷。23. 浊：浑浊。24. 排空：冲向天空。25. 行：通行。26. 斯：这。27. 则：就。28. 萧然：萧条冷落的样子。29. 感：感慨。30. 春和：春风和煦。31. 景：日光。32. 波澜不惊：湖面平静，没有惊涛骇浪。惊，这里有"起""动"的意思。33. 翔集：时而飞翔，时而停歇。集：鸟停息在树上。34. 锦鳞：美丽的鱼。35. 芷：一种香草。36. 汀：小洲。37. 而或：有时。38. 何极：哪有穷尽。39. 旷：开阔。40. 怡：愉快。41. 临：迎着。42. 洋洋：高兴得意的样子。43. 尝：曾经。44. 求：探求。45. 古仁人：古时品德高尚的人。46. 然则：既然如此，那么……47. 其必：一定。48. 先：在……之前。49. 后：在……之后。

【串译】宋仁宗庆历四年春天，滕子京被贬谪到岳州做知州。到了第二年，政事顺利，百姓和乐，许多已废弛不办的事情都兴办起来。于是重新修建岳阳楼，扩大它原来的规模，在楼上刻了唐代名人和当代人的诗赋。嘱托我写一篇文章来记述这件事。

我观赏那岳州的美好景色，都在洞庭湖之中。它含着远处的山，吞着长江的水，水势浩大，无边无际；早晨阳光照耀，傍晚阴气凝结，景象千变万化。这就是岳阳楼的雄伟景象，前人的记述已经很详尽了。既然这样，那么北面通到巫峡，南面直到潇水和湘江，降职的官吏和来往的诗人，大多在这里聚会，观赏自然景物所产生的感情能没有不同吗？

像那连绵的阴雨下个不断，连续许多日子不放晴，阴惨的风狂吼着，浑浊的浪头冲向天空；太阳和星星失去了光辉，高山隐藏了形迹；商人和旅客不能成行，桅杆倒了，船桨断了；傍晚时分天色昏暗，老虎怒吼，猿猴悲啼。在这时登上这座楼，就会产生离开国都，怀念家乡，担心奸人的诽谤、害怕坏人的讥笑，满眼萧条冷落，极度感慨而悲愤的种种情绪了。

就像春日晴和,阳光明媚,波浪不起,蓝天和水色相映,一片碧绿广阔无边;成群的沙鸥时而飞翔,时而停落;美丽的鱼儿时而浮游,时而潜游;岸边的香草,小洲上的兰花,香气浓郁,颜色青葱。有时大片的烟雾完全消散了,明月照耀着千里大地,浮动的月光像闪耀着的金光,静静的月影像沉入水中的白璧,渔夫的歌声互相唱和,这种快乐哪有穷尽! 在这时登上这座楼,就有心胸开朗,精神愉快;荣辱全忘,举酒临风,高兴极了的种种感慨和神态了。

唉! 我曾经探求古代品德高尚的人的感悟,或许跟上面说的两种感悟的表现不同,为什么呢? 他们不因为顺达而高兴,也不因为不顺而悲伤;在朝廷里做高官就担忧他的百姓,处在僻远的江湖间就担忧他的君王。真是进入朝廷做官也担忧,辞官隐居也担忧。那么,什么时候才快乐呢? 他们大概一定会说:"在天下人的忧愁之先就忧愁,在天下人的快乐之后才快乐"吧。唉! 如果没有这种人,我同谁一道呢? 写于庆历六年九月十五日

【诵读提示】《岳阳楼记》全文 368 字,分五段。第一段,说明作记的缘由。这段的诵读只需平实地"叙说"即可,没有必要加入过多的情感。只是"越明年,政通人和,百废俱兴,乃重修岳阳楼,增其旧制,刻唐贤今人诗赋于其上"应一口气"贯"下来,而后与接下来的"属予作文以记之"之间应安排个必要的顿挫,这样可将事由表现得更加清楚。第二段,作者不对岳阳楼本身加以描写,而是由岳阳楼的大观过渡到登楼览物的心情。这段文字的内容是写景,口气却是议论。作者写巴陵胜状即岳阳楼大观:"衔远山,吞长江,浩浩汤汤,横无际涯;朝晖夕阴,气象万千"并非是重点,诵读时的夸描不宜过分。其实作者在这里主要表达的意思在段尾,即登楼览物的人们的不同心境。接下的第三段览物而悲者和第四段览物而喜者是两种极端的例子,"悲"要

悲出"伤感之极","喜"要喜出洋洋得意。"霪雨霏霏,连月不开,阴风怒号,浊浪排空;日星隐耀,山岳潜形;商旅不行,樯倾楫摧;薄暮冥冥,虎啸猿啼"和"春和景明,波澜不惊,上下天光,一碧万顷,沙鸥翔集,锦鳞游泳;岸芷汀兰,郁郁青青。而或长烟一空,皓月千里;浮光跃金,静影沉璧;渔歌互答,此乐何极"排比连用,句内结构紧致,控制好气息,一气表达下来最好不过。如果中间必须换气,也不可停留过长,注意语气、意思、情绪的流贯和衔接。第五段点明了文章的主旨。在这一段里对前两段所写的两种览物之情一概加以否定,表现了一种更高的思想境界。其中"不以物喜,不以己悲""先天下之忧而忧,后天下之乐而乐"是"文核",注意力度和凸现。"先天下之忧而忧""后天下之乐而乐"两句中,能在"而"字后加以顿挫,当是更高一层的表达境界和技巧了。最后一句"时六年九月十五日",是交代写作这篇文章的时间。"时"之后应有个顿挫,"时"的意思是"时间"或"时间是在"北宋庆历六年的九月。如果将其连读,给人的听觉可能就是"十六年九月十五日"了。"吾谁与归?"之后借着问句语势向上一挑,然后换以平舒语态,放慢语速,拉开字距,用八个字"说明"式地结束全篇。与开头有个完整的照应。

知识链接

范仲淹:(969—1052),字希文,吴县人。北宋前期名臣。庆历三年七月,授参知政事,主持庆历改革,因守旧派阻挠未果。次年罢政,自请外任,历任于邓州、杭州、青州。范仲淹不仅是北宋著名的政治家、军事家,文学成就亦卓然可观。散文《岳阳楼记》为千古名篇,词则能突破唐末五代词的绮靡风气。有《范文正公集》,词仅存五首。

醉翁亭记

欧阳修

环滁/皆山也。//其/西南诸峰,/林壑(hè)尤美。/望之/蔚然而深秀者,/琅(láng)琊(yá)也。//山行/六七里,/渐闻/水声潺潺/而/泻出于两峰之间者,/酿泉也。//峰回路转,/有亭/翼然/临于泉上者,/醉翁亭也。//作亭者/谁?/山之僧/智仙也。//名之者/谁?太守/自谓也。///太守与客/来饮于此,/饮少辄醉,/而/年又最高,/故/自号曰/"醉翁"也。//醉翁之意/不在酒,/在乎/山水之间也。//山水之乐,得之心/而/寓之酒也。///

若夫(fú)/日出/而/林霏开,/云归/而/岩穴暝,/晦明变化者,/山间/之/朝暮也。/野芳发/而/幽香,/佳木秀/而/繁阴,/风霜高洁,/水落/而/石出者,/山间/之/四时也。/朝而往,/暮而归,/四时之景/不同,/而/乐/亦无穷也。//至于/负者歌于途,/行者休于树,/前者呼,/后者应,/伛(yǔ)偻(lǚ)提携,/往来/而/不绝者,滁人/游/也。//临溪而渔,/溪深/而/鱼肥;/酿泉为酒,/泉香/而/酒洌;/山肴野蔌(sù),/杂然/而/前陈者,/太守宴也。//宴酣之乐,/非丝非竹,/射者中,/弈者胜,/觥(gōng)筹交错,/起坐/而/

喧哗者,/众宾欢也。//苍颜白发,/颓然乎/其间者,/太守/醉也。///

已而/夕阳在山,/人影散乱,/太守归/而/宾客从也。//树林阴翳(yì),/鸣声上下,/游人去/而/禽鸟乐也。//然而/禽鸟/知山林之乐,/而/不知人之乐;/人/知/从太守游而乐,/而不知/太守之/乐其乐也。//醉/能/同其乐,/醒/能/述以文者,/太守也。//太守/谓谁?/庐陵/欧阳修也。

【注释】1.醉翁亭:在今滁州西南七里琅琊山麓,与北京陶然亭、长沙爱晚亭、杭州湖心亭并称"中国四大名亭"。2.蔚然:茂盛的样子。3.山:沿山路,名词用作动词。4.峰回路转:山势回环,路随山转。5.翼然:四角翘起,像鸟张开翅膀一样。6.临:紧靠。7.作:建造。8.名:取名,名作动。9.辄:就。10.乎:于,介词。11.得:领略。12.若:像。13.夫:那。14.而:就,表顺承的连词。15.霏:雾气。16.云归:烟云聚拢。17.岩穴:山谷。18.暝:昏暗。19.秀:植物开花结实,这里有繁荣滋长的意思。20.繁:浓郁的。21.高:高爽。22.穷:穷尽。23.负:背着。24.伛偻:驼背,指代老年人。25.提携:搀扶、带领。26.渔:捕鱼,名词用作动词。27.酿泉:用酿泉,名词用作动词。28.为:制。29.洌:清纯。30.山肴:野味。31.野蔌:野菜。32.杂然:各色各样。33.前:在前面。34.酣:畅饮。35.射:指投壶。36.筹:酒筹,宴会上行令或游戏时饮酒计数用的签子。37.苍颜:容颜苍老。38.颓然:精神不振的样子,这里是醉醺醺的样子。39.乎:相当于"于"。40.从:跟随。41.翳:遮盖。42.鸣声上下:意思是鸟到处叫。

【串译】滁州城四面都是山。它西南方向的山峦、树林和山谷尤其优美,远远看上去树木茂盛、幽深秀丽的,是琅琊山啊。沿着山路走六七里,渐渐地听到潺潺水声,又看到一股水流从两山之间飞淌下来的,是酿泉啊。山势回环,道路弯转,有一个亭子四角翘起像鸟张开翅膀一样坐落在泉水边的,是醉翁亭啊。造亭子的人是谁?是山里的和尚智仙啊。给它起名的是谁?是太守用自己的别号称呼的。太守和宾客来这里饮酒,喝得少也总是醉,而年龄又最大,所以给自己起了个别号叫"醉翁"。醉翁的心意不在酒上,而在水光山色中啊。游赏山水的乐趣,有感于心而寄托在酒上罢了。

要说那太阳出来而林间的雾气散了,烟云聚拢而山谷洞穴昏暗了,这明暗交替变化的景象,就是山中的早晨和晚上。野花开放而散发出幽微的香气,美丽的树木枝繁叶茂而一片浓阴,秋风浩浩,天气晴好,霜露洁白,水流减少,石头裸露,这是山中的四季景色。早晨上山,傍晚返回,四季的景色不同,而那快乐也是无穷无尽的。

至于背着东西的人在路上歌唱,走路的人在树下休息,前面的呼喊,后面的应答,老人弯着腰,小孩由大人抱着领着,来来往往,络绎不绝的,是滁州人们的出游啊。到溪边来钓鱼,溪水深鱼儿肥;用泉水来酿酒,泉水甜酒水清;山珍野味菜蔬,杂七杂八摆放在面前的,这是太守的酒宴啊。酒宴上的乐趣,没有管弦乐器(助兴),投壶的投中了,下棋的下赢了,酒杯和酒筹杂乱交错,起来坐下大声喧哗,是宾客们快乐的样子。脸色苍老、头发花白、醉醺醺地坐在人群中间,这是太守喝醉了。

不久夕阳落到西山上,人的影子散乱一地,是太守回去、宾客跟从啊。树林茂密荫蔽,上下一片叫声,是游人走后鸟儿在欢唱啊。然而鸟儿只知道山林的乐趣,却不知道游人的乐趣;游人也知道跟着太守游玩的乐趣,却不知道太守以他们的快乐为快乐啊。醉了能和他们一起快乐,酒醒后能写文章表达这种快乐的,是太守啊。太守是谁?就是庐陵人欧阳修啊。

【诵读提示】"记"这种体裁,是文学散文的一种重要形式。其中,尤以亭楼台院记和游记散文成就更大。本文为庆历六年作,作者时年40岁。庆历五年时,欧阳修被贬为滁州太守。滁州地僻事简,又值年岁丰稔,作者为政以宽,遂放情山水之间。《醉翁亭记》是一篇记体散文。文中描写滁州山间的朝暮变化和四时景色以及作者和滁人的游乐,表现出"乐民之乐"的胸怀,充满了士大夫悠闲自适的情调,并从侧面显示了作者治理滁州的政绩。此篇不仅是一首格调清丽、富有诗情画意、千古传诵的游记,也是一篇具有积极思想意义的散文,具有很高的艺术性和思想性。

作者先是写亭,然后写游,而贯穿全篇的却是一个"乐"字。诵读时应一直将"其乐融融"的主题贯穿始终,包括山川景致、禽鸟、游人太守自己都在乐乎其中。但是,写景是为了托人,景色景致的渲染只是衬托,不能掩盖人的情致的抒发。第一段中的"太守与客来饮于此,饮少辄醉,而年又最高,故自号曰'醉翁'也。醉翁之意不在酒,在乎山水之间也。山水之乐,得之心而寓之酒也",第二段中的"负者歌于途,行者休于树,前者呼,后者应,伛偻提携,往来而不绝者,滁人游也。临溪而渔,溪深而鱼肥;酿泉为酒,泉香而酒洌;山肴野蔌,杂然而前陈者,太守宴也。宴酣之乐,非丝非竹,射者中,弈者胜,觥筹交错,起坐而喧哗者,众宾欢也。苍颜白发,颓然乎其间者,太守醉也",第三段中的"人影散乱,太守归而宾客从也。树林阴翳,鸣声上下,游人去而禽鸟乐也。然而禽鸟知山林之乐,而不知人之乐;人知从太守游而乐,而不知太守之乐其乐也",都是描写人之乐的,语词色彩和情绪浓度应有所加大,应侧重于对景色的描述。

《醉翁亭记》的语言极有特色,骈散结合,格调清丽,遣词凝练,音节铿锵。从诵读的角度看,也是朗朗上口、易于成诵、富于韵律美感的一篇。诵读此篇极易感受到作品既有图画美又有音乐美的特色。文中创造性地运用二十一个"也"字作句尾,一贯通篇,不但毫无重复之感,反而具有一唱三叹的风韵,读来使人感到类似诗歌的韵律美。"也"字的表达,须将前一个字的字尾挑起拖长,音高要看前一个字的声调,上声调最高,阳平次之,阴平再次,去声最低。另外文中还奇妙地用了二十五个"而"字,更使得文章流畅优美,从容婉转,娓娓动听,极富抑扬顿挫之致。"而"字无需咬得太死,将前后两个字或词衔接起来,加一个短暂顿挫即可完成。"而"字是阳平音,不能误读成上声。

秋声赋(节选)
欧阳修

欧阳子/方/夜读书,/闻/有声/自/西南来者,/悚(sǒng)然/而/听之,/曰:/"异哉!"//初/淅沥/以/萧飒,/忽/奔腾/而/澎湃,/如/波涛夜惊,/风雨骤至。//其/触于物也,/鏦(cōng)鏦铮铮,/金铁皆鸣;/又如/赴敌之兵,/衔枚疾走,/不闻/号令,/但闻/人马之行声。//余谓童子:/"此/何声也?/汝/出/视之。"//童子曰:/"星月皎洁,/明河在天,/四无人声,/声在树间。"//予曰:/"噫(yī)嘻/悲哉!/此/秋声也,/胡/为/而/来哉?"//

盖夫(fú)/秋之为状也:/其色惨淡,/烟霏云敛;//其容清明,/天高日晶;//其气栗(lì)冽,/砭(biān)人肌骨;//其意萧条,/山川寂寥。//故/其为声也,/凄凄切切,/呼号愤发。//丰草绿缛(rù)而/争茂,/佳木/葱茏/而/可悦;/草拂之/而/色变,/木遭之/而/叶脱;//其/所以/摧败零落者,/乃/其一气之/余烈。

【注释】1.欧阳子:作者自称。2.方:正在。3.悚然:惊惧。4.澎湃:波涛汹涌的声音。5.铮铮铮铮:金属相击的声音。6.枚:形似竹筷,衔于口中,两端有带系于脖上。古时行军或袭击敌军时,让士兵衔枚以防出声。7.明河:银河。8.秋之为状:秋天所表现出来的意气、容貌或情状,指下文所说的其色、其容、其气、其意。9.惨淡:黯然无色。10.烟霏:烟气浓重。11.敛:收、聚。12.日晶:日光明亮。13.栗冽:寒冷。14.砭:刺。15.绿缛:碧绿繁茂。

【串译】欧阳先生我夜里正在读书,(忽然)听到有声音从西南方向传来,心里不禁悚然,惊道:"奇怪啊!"这声音初听时像淅淅沥沥的雨声夹杂着萧萧飒飒的风声,忽然变得汹涌澎湃,像是江河夜间波涛突起,风雨骤然而至,碰到物体上发出铿锵之声,好像金属相互撞击。再(仔细)听,又像奔赴战场的军队正衔枚疾进,听不到任何号令声,只有人马行进的声音。于是对童子说:"这是什么声音?你出去看看。"童子回答说:"月色皎皎,星光灿烂,浩瀚银河,高悬中天。四下里没有人声,那声音是从树林间传来的。"我恍然大悟,叹道:"唉,可悲啊!这就是秋声呀,它为什么而来呢?

秋天的情景是：它的色调凄然惨淡，烟霭飘散，云气密集；它的形貌爽朗清新，天空高远，日色晶明；它的气候清冷萧瑟，悲风凛冽，刺入肌骨；它的意境冷落苍凉，川流寂静，山林空旷。所以它发出的声音时而凄凄切切，时而呼啸激昂。秋风未起时，绿草彼此争盛，丰美繁茂；树木葱茏青翠，令人心旷神怡。然而一旦秋风吹过，拂过草地，草就要变色，掠过森林，树就要落叶。它用来摧败花草使树木凋零的，便是一种肃杀之气的余烈。

【诵读提示】此赋作于仁宗嘉祐四年秋。这是作者继《醉翁亭记》后的又一名篇。作者时年五十三岁，虽身居高位，然感于宦海沉浮，政治改革艰难，故心情苦闷，乃以"悲秋"为题，抒发人生的苦闷与感叹。此赋描绘了山川寂寥、草木零落的萧条景象，借景抒发了对人事忧劳和与秋关联的音声情象的悲感。

我们节选的是《秋声赋》的第一、二自然段，采用第一人称的笔法。第一段开头，作者夜读时听到秋声，描绘了一个从静到动、令人惊悚的秋夜奇声，营造了一种悲凉气氛。第二段是对秋声的描绘和对秋气的议论。第三段由感慨自然而嗟叹人生，百感交集，黯然神伤。指出人事忧劳的伤害，比秋气对植物的摧残更为严重。第四段从这些沉思冥想中清醒过来，重新面对静夜，只有秋虫和鸣，衬托着作者悲凉的心境。

因为节选的两段都是描写"秋来之悲"，所以诵读时一定要始终把握"悲秋"的基调，语词色彩以"冷调"为主，气息状态沉实舒达。节奏总体上应是于舒缓、沉郁之中"造秋"，只是"初淅沥以萧飒，忽奔腾而澎湃，如波涛夜惊，风雨骤至。其触于物也，铮铮铮铮，金铁皆鸣；又如赴敌之兵，衔枚疾走，不闻号令，但闻人马之行声"两大句子略微紧凑，可有适度渲染和夸张。作品的主题是于第三、第四段中才有所介入，作者之所以感到秋声之悲凉，其根源不在秋声，主要是当时作者面对国家和自己的处境而产生的忧思所致。当时作者被朝廷重用,但想起曾经在政治上屡不得志,怀才不遇,报国无门,心情郁闷。这样的情绪和秋季气息正相统一,触物伤情,有感而发。

知识链接

欧阳修:(1007—1072),北宋政治家、文学家、史学家和诗人。号醉翁、六一居士。吉州永丰人,自称庐陵人。既是范仲淹庆历新政的支持者,也是诗文革新运动的领导者。又喜奖掖后进,苏轼父子及曾巩、王安石皆出其门下。诗、词、散文均为一时之冠,为"唐宋八大家"之一。曾与宋祁合修《新唐书》,并独撰《新五代史》。

爱莲说

周敦颐

水陆/草木之花,/可爱者/甚蕃(fán)。//晋陶渊明/独/爱菊;/自/李唐来,/世人/盛爱/牡丹;//予(yú)/独爱/莲之出淤泥/而/不染,/濯(zhuó)清涟/而/不妖,/中通外直,/不蔓不枝,/香远益清,/亭亭净植,//可远观/而/不可亵(xiè)玩焉。///

予/谓菊,/花之/隐逸者也;//牡丹,/花之/富贵者也;//莲,/花之/君子者也。///噫(yī)!//菊之爱,/陶后/鲜(xiǎn)有闻;//莲之爱,/同予者/何人;//牡丹/之爱,/宜乎/众/矣。

【注释】1. 蕃：多。2. 李唐：唐朝皇帝姓李，所以称"李唐"。3. 世人：社会上的一般人。4. 余：我。5. 濯：洗涤。6. 清涟：水清而有微波的样子，这里指清水。7. 妖：美丽而不端庄。8. 不蔓不枝：没有缠绕的蔓，也没有旁逸的枝。9. 益：更，越。10. 亭亭：耸立的样子。11. 植：古义，立。12. 亵：亲近而不庄重。13. 隐逸者：隐居的人。14. 噫：感叹词，相当于"唉"。15. 鲜：少。16. 宜：应当，这里和"乎"连用，有"当然"的意思。

【串译】水上地上各种草和木的花，值得喜爱的很多。晋朝陶渊明唯独喜爱菊花；从唐朝以来，世上的人们非常喜爱牡丹；我唯独喜爱莲花的从污泥中长出却不受到污染，在清水里洗涤过但是不显得妖媚，它的茎中间贯通，外形挺直，不缠生藤蔓，不旁出冗枝，香气远播，更加清香，笔直地洁净地立在那里，可以远远地观赏但是不能贴近去轻慢地玩弄它。

我认为，菊花是花中的隐士；牡丹，是花中的富贵者；莲花，则是花中的君子。唉！自从陶渊明以后很少听到过爱菊花的人了，像我一样爱莲花的人还有多少呢？但是爱牡丹的人当然很多了。

【诵读提示】"说"，古代文体之一，借描绘事物以抒情言志，结合议论和记叙，偏重议论。周敦颐一生淡泊名利，不求闻达，《爱莲说》恰恰正是他洒落胸怀所透射出的精神折光。本文通过对莲的形象和品质的描写，歌颂了莲花坚贞的品格，表现了作者洁身自爱的高洁人格和洒落的胸襟。

从内容上看，此文可明显分为两层段。诵读前一层段要对莲花高洁的形象极尽铺排描绘之能事。后一层段是作者的"评语"，揭示了莲花的比喻意义，分评三花并以莲自况，抒发了作者内心深沉的慨叹。前一层段所描绘的一切，整个就是作者人格的写照，这一点可以从第二层段得到证明。"莲之爱，同予者何人？"其潜台词是感慨像作者一样具有莲花之洁的人实在太少了。结尾之"叹"表现出多种含义:一叹真正隐逸的高士极少,二叹品格高尚的君子罕见,三叹贪慕富贵的俗人太多,这句结语要表现得耐人寻味、发人深省。诵读《爱莲说》最重要的是把握一个"爱"字,以"喜爱"之情贯通诵读始终。热情、轻盈、快达地"颂",成为诵读者情感表达的主线。

知识链接

周敦颐:(1017—1073),湖南道县人,北宋哲学家,学术界公认的理学派开山鼻祖,其理学思想在中国哲学史上起着承前启后的作用。他的学问气度感动过许多人追随他学习,其中最著名的就是程颐、程颢两兄弟,后来都成了南宋一代著名的理学家。因他一生酷爱莲花,便在书院内建造了一座爱莲堂,堂前凿一池,名"莲池",以莲之高洁寄托自己毕生的心志。

读孟尝君传

王安石

世/皆称/孟尝君/能/得士,/士/以故归之,/而/卒/赖其力/以/脱于/虎豹之秦。//呜呼,/孟尝君/特/鸡鸣狗盗之雄耳,/岂/足以/言/得士!/不然,/擅/齐之强,/得一士/焉,/宜/可以/南面而制秦,/尚/何取/鸡鸣狗盗之力哉?///夫(fú)/鸡鸣狗盗/之/出其门,/此/士/之/所以不至也。

【串译】世人都称道孟尝君能够招揽士人,有才能的人因为这个缘故归附他,而孟尝君终于依靠他们的力量,从像虎豹一样凶狠的秦国逃脱出来。唉!孟尝君只不过是一群鸡鸣狗盗之辈的头目罢了,哪里能够说得上得到了贤士?若不是这样的话,孟尝君拥有齐国强大的国力,只要得到一个贤士,齐国就应当可以成为天下霸主面向南方控制秦国,还用得着鸡鸣狗盗之徒的力量吗?鸡鸣狗盗之徒出现在他的门庭上,这就是贤士不归附的原因啊。

【诵读提示】此篇作为翻案性论说文,仅用四句话88个字就完成了立论、论证、结论的全过程。第一句"世皆称孟尝君能得士,士以故归之,而卒赖其力以脱于虎豹之秦"为一立,开门见山提出议论的中心问题,即孟尝君能不能得士?第二句"呜呼!孟尝君特鸡鸣狗盗之雄耳,岂足以言得士"为一批,陡然一转,否定了"孟尝君能得士"的传统看法,提出了作者对孟尝君的评价,即孟尝君仅仅是个"鸡鸣狗盗之雄",批得精巧而有力。第三句"不然,擅齐之强,得一士焉,宜可以南面而制秦,尚取鸡鸣狗盗之力哉"为一驳,紧扣主旨,用事实驳斥了孟尝君能得士的表面性、片面性的看法,十分有力地证明孟尝君是不能得士的。第四句"鸡鸣狗盗之出其门,此士之所以不至也",为一断,断然肯定真正的贤士是不会跟随孟尝君的。这一断斩钉截铁、铿锵有力,字字警策,不容置辩。诵读此篇要紧紧围绕"孟尝君不能得士"这个主旨,抓住一立、一批、一驳、一断四个转折性的节点,表现出一波三折,以强劲峭拔的语势进行议论。

知识链接

王安石:(1021—1086),世称王荆公、临川先生,抚州临川人,北宋杰出的政治家、思想家、文学家、改革家,唐宋八大家之一。庆历二年登进士第四,先后任淮南、舒州通判、常州知州等。神宗时任江宁知府,旋召为翰林学士。后两度任同中书门下平章事,推行新法,被列宁誉为"中国十一世纪改革家"。因变法触犯大地主、大官僚利益,两宫太后、皇亲国戚和保守派士大夫共同反对,因此熙宁七年第一次被罢相,次年复相,后又二次辞相,闲居江宁。哲宗时新法废除,郁然病逝于钟山。

王安石不仅是一位杰出的政治家和思想家,同时也是一位卓越的文学家,作品多揭露时弊、反映社会矛盾,具有较浓厚的政治色彩。今存《王临川集》《临川集拾遗》等。

前赤壁赋
苏轼

壬(rén)戌(xū)/之秋,/七月既望,/苏子/与/客/泛舟/游于赤壁之下。//清风徐来,/水波不兴。/举酒/属(zhǔ)客,/诵/明月之诗,/歌/窈(yǎo)窕(yǎo)之章。//少焉,/月/出/于/东山之上,/徘徊/于/斗牛之间。//白露横江,/水光接天。/纵/一苇/之/所如,/凌/万顷/之/茫然。//浩浩乎/如/冯(píng)虚御

风,/而/不知/其/所止;/飘飘乎/如/遗世独立,/羽化/而/登仙。///

于是/饮酒乐甚,/扣舷/而/歌之。//歌曰:"桂棹(zhào)/兮/兰桨,/击空明/兮/溯流光。/渺渺/兮/予怀,/望美人/兮/天一方。"//客/有/吹洞箫者,/依歌/而/和(hè)/之,/其声/呜呜然,/如怨如慕,/如泣如诉;/余音袅袅,/不绝如缕;/舞/幽壑(hè)/之/潜蛟,/泣/孤舟/之/嫠(lí)妇。///

苏子/愀(qiǎo)然,/正襟危坐,/而/问客曰:/"何/为其然也?"//客曰:"'月明星稀,/乌鹊南飞',/此/非/曹孟德之诗乎?/西望夏口,/东望武昌,/山川相缪(liáo),/郁乎苍苍,/此/非/孟德之困于周郎者乎?//方其/破荆州,/下江陵,/顺流而东也,/舳(zhú)舻(lú)千里,/旌旗蔽空,/酾(shī)酒临江,/横槊(shuò)赋诗,/固/一世之雄也,而今/安在/哉?//况/吾与子/渔樵(qiáo)/于/江渚(zhǔ)之上,/侣鱼虾/而/友麋(mí)鹿,/驾/一叶之扁(piān)舟,/举匏(páo)樽/以/相属(zhǔ);/寄/蜉蝣于天地,/渺沧海//之一粟;/哀/吾生之须臾(yú),/羡/长江之无穷;/挟/飞仙以遨(áo)游,/抱/明月而长终。知/不可乎/骤得,/托/遗响/于/悲风。"///

苏子曰://"客/亦/知/夫(fú)/水与月乎?/逝者/如斯,/而/未尝往也;/盈虚者/如彼,/而/卒/莫消长也。/盖将/自其变者而观之,/而/天地/曾不能以一瞬;/自其/不变者而观之,/则/物与我/皆无尽也。/而又何羡乎?//且夫/天地之间,/物各有主,/苟非/吾之所有,/虽一毫而莫取,/惟/江上之清风,/与山间之明月,/耳得之/而/为声,/目遇之/而/成色,/取之无禁,/用之不竭。/是/造物者之无尽藏(zàng)也,/而/吾与子/之所/共适。"///

客/喜而笑,/洗盏/更酌。//肴核既尽,/杯盘狼藉。//相与/枕藉(jiè)乎/舟中,/不知/东方/之/既白。

【注释】1.赤壁:黄州赤鼻矶,并非三国赤壁之战旧址,当地人因音近亦称之为赤壁。作者本知这一点,将错就错,借景以抒发自己怀抱。2.壬戌:神宗元丰五年,岁次壬戌。3.既望:农历每月十五日为"望日",十六日为"既望"。4.徐:舒缓地。5.兴:起、作。6.属:倾注,引申为劝酒。7.明月之诗:指《诗经·月出》篇。8.窈窕之章:《月出》诗的首章"月出皎兮,佼人僚兮,舒窈纠兮,劳心悄兮"。其中"窈纠(jiǎo)"与"窈窕"音近。9.少焉:一会儿。10.斗牛:即斗宿、牛宿,同属二十八宿。11.白露:白茫茫的水汽。12.横江:笼罩江面。13.纵:任凭。14.一苇:极小的船。15.如:往。16.冯虚御风:乘风腾空而遨游。冯,通"凭"。17.扣舷:敲打着船边,打节拍。18.桂棹兰桨:用兰、桂香木制成的船桨。19.空明:月亮倒映水中的澄明之色。20.溯:逆流而上。21.流光:在水波上闪动的月光。22.渺渺:悠远的样子。23.美人:比喻内心思慕的贤人。24.依歌:按照歌曲的声调节拍。25.袅袅:形容声音婉转悠长。26.缕:细丝。27.嫠妇:孤居妇女。28.愀然:忧愁变色。29.缪:通"缭",环绕。30.郁:茂盛的样子。31. 周郎:周瑜二十四岁为中郎将,吴中皆呼为周郎。32. 破荆州,下江陵:指建安十三年刘琮投曹,曹军不战而占荆州、江陵。33. 荆州:辖南阳、江夏、长沙等八郡,今湖南、湖北一带。34. 江陵:荆州首府。35. 舳舻:战船前后相接。36. 酾酒:斟酒。37. 横槊:横执长矛。38. 侣:伴侣,用如动词。39. 麋:鹿的一种。40. 匏樽:酒葫芦。41. 蜉蝣:一种朝生暮死的昆虫。42. 肴核:荤菜和果品。43. 枕藉:相互枕着睡觉。

【串译】壬戌年秋,七月十六日,苏轼与友人在赤壁下泛舟游玩。清风阵阵拂来,水面波澜不起。举起酒杯向同伴敬酒,吟诵(赞美)明月诗句,吟唱婉转优美的乐曲。不多时,明月从东山后升起,盘桓在斗宿与牛宿之间。白茫茫雾气横贯江面,清泠泠水光连着天际。听任小船飘流到各处,漂于苍茫万顷的江面之上。乘着轻风(在江面上)无所不至,并不知到哪里才会停栖,感觉身轻得似要离开尘世飘飞而去,有如道家羽化成仙。

于是喝酒喝得高兴起来,用手叩击着船舷,应声高歌。歌中唱道:"桂木船棹呵香兰船桨,迎击空明的粼波,逆着流水的泛光。我心怀悠远,想望伊人在天涯那方。"同伴吹起洞箫,按着节奏为歌声伴和,洞箫呜呜作声,有如怨怼,有如倾慕,既像啜泣也像低诉,余音在江上回荡,丝丝缕缕,缭绕不绝,能使深谷中的蛟龙为之起舞,能使孤舟上的嫠妇为之饮泣。

苏轼的神色也愁惨起来,整好衣襟坐端正,向同伴问道:"箫声为什么这样哀怨呢?"同伴回答:"'月明星稀,乌鹊南飞',这不是曹公孟德的诗么? 这里向东可以望到夏口,向西可以望到武昌,山河接壤连绵不绝,目力所及,一片郁郁苍苍。这不正是曹孟德被周瑜所围困的地方么? 当初他攻陷荆州,夺得江陵,沿长江顺流东下,麾下的战船延绵千里,旌旗将天空全都遮住,在江边持酒而饮,横转矛槊吟诗作赋,委实是当世的一位英雄人物,而今又在哪里呢？何况我与你在江边水渚上打鱼砍柴，与鱼虾做伴，与麋鹿为友，驾着这一叶小舟，举起杯盏相互敬酒，如同蜉蝣置身于广阔天地中，像沧海中一粒粟米那样渺小。唉，人的一生只是短暂片刻，羡慕长江无穷尽啊。想要与仙人携手遨游各地，与明月相拥而永存世间。知道这些终究不能实现，只得将憾恨化为箫音，托寄在悲凉秋风中罢了。"

苏轼道："你可也知道这水与月吗？流逝的就像这水，其实并没有真正逝去；时圆时缺的就像这月，终究又何尝盈亏。可见，从事物变易的一面看来，天地间没有一瞬间不发生变化；而从事物不变的一面看来，万物与自己的生命同样无穷无尽，又有什么可羡慕的呢？何况天地之间，凡物各有自己归属，若不是自己应该拥有的，即使一分一毫也不能求取，只有江上清风以及山间明月，送到耳边便听到声音，进入眼帘便绘出形色，取得这些不会有人禁止，感受这些也不会有竭尽的忧虑。这是造物者恩赐的无穷无尽的宝藏，你我尽可以一起享用。"

客人高兴地笑了，洗净酒杯重新斟酒。菜肴果品都已吃完，杯子盘子杂乱一片。大家互相枕着靠着睡在船上，不知不觉东方已经露出白色的曙光。

【诵读提示】此篇是作者贬谪黄州（今湖北黄冈）时所作。《前赤壁赋》就其外在形式而言，似乎是一篇游记。开头就交代了时间、地点、人物、事件，下面又从出游、赏景、箫歌，写到怀古、伤今、议论，最后到醉酒、天明，完全按时间顺序。但是此文重点不在游记，而在抒情、议论，抒发人生感慨，辩论人生意义，具有很强的抒情性和哲理性。乐—悲—喜的情感变化构成了贯穿全文的内在线索，情感的变化又构成了哲理阐述的必要前提。

全篇共分五个自然段。第一段，诵读者要表现的是作者"与客泛舟游于赤壁之下"的"夜游"情景，而且是月光之下的夜游。

作者与客投入大自然怀抱,尽情领略其间的清风、白露、高山、流水、月色、天光之美。应以景抒情,融情入景,情景俱佳。语态不可过实,月光下的描写也可轻盈通明些,毕竟是表现欢乐之情的。"诵明月之诗,歌窈窕之章""月出于东山之上,徘徊于斗牛之间""纵一苇之所如,凌万顷之茫然""浩浩乎如冯虚御风,而不知其所止;飘飘乎如遗世独立,羽化而登仙"都是骈文句式,应着力于顿挫之中体现出韵律之美。第二段写作者饮酒放歌的欢乐和客人悲凉的箫声。诵读此段要表现的是作者饮酒乐极,扣舷而歌,以抒发其思"美人"而不得见的怅惘、失意的感怀。感情骤然由欢乐转入悲凉,语态可以沉缓低回为主,音色以黯淡幽怨为主,语速缓行。第三段写客人对人生短促无常的感叹。"何为其然也"是主人的设问,客人以赤壁的历史古迹作答。客的回答应表现出虚无主义和消极的人生观,这是作者借客人之口流露出自己思想的一个方面。诵读以"无奈"为基调。第四段是作者针对客之人生无常的感慨陈述自己的见解以宽解对方,诵读口气应表现出豁达的宇宙观和人生观。第五段是作者与客转悲为喜,开怀畅饮,应极力表现出作者与客的游赏之乐及忘怀得失、超然物外的境界。

　　此文总体上属韵文,从头至尾一共换了十二次韵,像汉赋一样,采用主客答问的方式来阐述作者的思想、认识,又似骈赋和律赋,行文中常使用排比与对偶,具备"赋"的基本特征。如描写箫声的幽咽哀怨:"其声呜呜然,如怨如慕,如泣如诉;余音袅袅,不绝如缕;舞幽壑之潜蛟,泣孤舟之嫠妇。"连用六个比喻渲染箫声的悲凉,将抽象而不易捉摸的声音诉诸读者的视觉和听觉,写得具体可感,效果极佳。但它又不为"赋"的格式所拘泥,多处运用散文笔法,句式长短相间、参差错落,称得上散韵巧妙结合、诗文和谐统一的佳篇,如开头的一段"壬戌之秋,七月既望,苏子与客泛舟游于赤壁之下"全是散句,参差疏落之中又整饬之致。

第二、三、四自然段,主要是人物语言,虽以骈赋的形式写来,但诵读的语感既要遵循骈赋的一般表达规律,节奏顿挫不能太散,又要照应到人物的身份和谈话的感受,不能太"甩"。内容与表现形式的有机统一,当是此篇有声语言创作的基点。如果两者不可兼得,应以内容表达为主。

知识链接

苏轼:(1037—1101),字子瞻,号东坡居士,四川眉山人。北宋文学家、书画家。诗词开豪放一派,为唐宋八大家之一。少负才名,博通经史,曾官礼部尚书、翰林学士等职。既反对王安石急进的改革措施,也不同意司马光尽废新法,在新旧两党间均受排斥,仕途十分坎坷。因新旧党争,遭贬出任杭州、密州、徐州、湖州等官。元丰二年,因"乌台诗案"被扣上诽谤朝廷罪名被捕入狱。出狱后被贬黄州。此后几经起落,再贬惠州、琼州,一直远放儋州,从此随缘自适、读书作画。徽宗大赦天下,北返时逝于常州,享年六十六岁。宏博通达的学识才华和饱经忧患的人生体验玉成了其诗文体裁多样,内容广博,立意新奇,呈现"吞五湖三江"气象。其诗今存2700多首。

四句教(一则)

张载

为/天地/立/心,//为/生民/立/命,//为/往圣/

继/绝学,//为/万世/开/太平。

【诵读提示】此四句又称为"横渠四句",第一句"为天地立心",比较通行的说法是,天地本无心,但天地生生不息,生化万物。其实,是指为社会建立一套以"仁""孝"等道德伦理为核心的精神价值系统。第二句"为生民立命"是说为民众选择正确的命运方向,确立生命的意义,使生民的生活有所依循,从而得以护持生命,这就是"为生民立命"了。第三句"为往圣继绝学","往圣"指历史上的圣人。儒家所谓圣人其实就是指人格典范和精神领袖。圣人之所以为圣,全在于他的最高精神境界。"绝学"指中断了的学术传统。理学家普遍认为,儒家学统自孟子之后就中绝了,所以要努力恢复。张载继承"绝学",却并非照搬前人,而是力求创新,在他的学说中有不少内容是六经所未载、前圣所未言的。思想的领导权已从佛教手里拿了回来,孔子的地位自然重新得以显立。这一"为往圣继绝学"的功绩,在人类文化史上是独一无二的。第四句"为万世开太平",中国哲学的传统认为最宜于为王的人是圣人,因为有圣人之德的人是大公无私的。作者不局限于当下的"太平"秩序,而是以更深远的视野展望"万世"的"太平"基业问题,这是不同凡响之处,从中看出超于常人的抱负。

诵读此四句,立意要高,境界要阔,口气要大。每句的含义都博大精深,应分成四个层次去诵读。语速不得太抢,咬字力度应大些。"天地""生民""往圣""万世""心""命""绝学""太平"八个词必须点得极为清楚。应将四句串联起来,语势呈上行爬山型,一句强似一句,逐渐攀爬至顶点,一气呵成。

> **知识链接**
>
> 张载:(1020—1077),北宋哲学家,理学创始人之一,程颢、程颐的表叔,理学支脉"关学"的创始人,与周敦颐、邵雍、程颐、程颢合称"北宋五子"。大梁(今河南开封)人,徙家陕西眉县横渠镇,人称"横渠先生"。

朱子家训

朱熹

君/之所贵者,/仁也。//臣/之所贵者,/忠也。//父/之所贵者,/慈也。//子/之所贵者,/孝也。//兄/之所贵者,/友也。//弟/之所贵者,/恭也。//夫/之所贵者,/和也。//妇/之所贵者,柔也。//事/师长/贵乎/礼也,/交/朋友/贵乎/信也。//见/老者,/敬之;/见/幼者,/爱之。//有德者,年/虽/下于我,/我/必尊之;/不肖者,/年/虽/高于我,/我/必远之。//慎勿/谈人之短,/切莫/矜己之长。//仇者/以义解之,/怨者/以直报之,/随/所遇而安之。//人/有/小过,/含容而/忍之;/人/有/大过,/以理/而/谕之。//勿以/善小而不为,/勿以/恶小而为之。//人有恶,/则掩之;人有善,/则扬之。//处世/无私仇,治家/无私法。//勿/损人而利己,/勿/妒贤而嫉能。/勿/称忿而报横逆,/勿/非礼而害物命。//见/不义之财/勿取,/遇/合理之事/

则从。//诗书/不可不读,/礼义/不可不知。/子孙/不可不教,/童仆/不可不恤。/斯文/不可不敬,/患难/不可不扶。//守我之分者,/礼也;/听我之命者,/天也。//人能如是,天必相之。///此乃/日用常行之道,/若/衣服之于身体,/饮食之于口腹,/不可/一日无也,//可/不/慎哉!

【串译】当国君所珍贵的是"仁",爱护人民。当人臣所珍贵的是"忠",忠君爱国。当父亲所珍贵的是"慈",疼爱子女。当儿子所珍贵的是"孝",孝顺父母。当兄长所珍贵的是"友",爱护弟弟。当弟弟所珍贵的是"恭",尊敬兄长。当丈夫所珍贵的是"和",对妻子和睦。当妻子所珍贵的是"柔",对丈夫温顺。侍奉师长要有礼貌,交朋友应当重视信用。遇见老人要尊敬,遇见小孩要爱护。有德行的人,即使年纪比我小,我也要尊敬他;品行不端的人,即使年纪比我大,我也要远离他。不要随便议论别人的缺点,切莫夸耀自己的长处。对有仇隙的人,用摆事实讲道理的办法来解除仇隙,对埋怨自己的人,用坦诚正直的态度来对待他,不论是得意顺境或困难逆境,都要平静安详地对待。别人有小过失,要谅解容忍;别人有大错误,要按道理劝导他。不要因为是细小的好事就不去做,不要因为是细小的坏事就去做。别人做了坏事,应该帮助他改过,不要宣扬他的恶行;别人做了好事,应该多加表扬。待人办事没有私人仇怨,治理家务不要另立私法。不要做损人利己的事,不要妒忌贤才和有能力的人。不要声言忿愤对待蛮不讲理的人,不要违反正当事理而随便伤害人和动物的生命。不要接受不义的财物,遇到合理的事物要拥护。不可不勤读诗书,不可不懂得礼义。子孙一定要教育,童仆一定要怜恤。一定要尊敬有德行、有学识的人,一定要扶助有困难的人。这些都是做人应该懂得的道理,每个人尽本分去做才符合"礼"的标准;这样做也是完成天地万物赋予我们的使命,顺乎"天命"的道理法则。如果这样为人处世,上天也会看重你并帮助你的。这些都是一个人的日常行为标准,就像衣服对于身体,吃喝对于口和肚子一样平常,一天没有都不可以,一定要谨慎对待。

【诵读提示】《朱子家训》全文三百余字,精辟阐明了修身治家之道,被尊为千古"治家之经"。全篇精练地涵盖了个人在家庭和社会中应该承担的责任和义务。文句工整对仗,言辞清晰流畅,具有极强的感召力和深厚的人生智慧。中华民族素以重视"家教"著称于世。朱熹非常推崇《大学》中"修身齐家治国平天下"的思想,将《大学集注》列为《四书集注》之首。今天,《朱子家训》在社会上的影响已不像过去,但其所蕴涵的理性思想对于现代人如何"修身、齐家、治国"有着极大的借鉴作用。

诵读此篇,首先应将全文"掰开",重新"组装",捋清层次脉络,然后确定基调。文章是以"家训"的口气行文的,因此"训"就成为此篇的基本口吻。全文基本可分为两部分,自"君之所贵者,仁也"至"人能如是,天必相之"为第一层段,教训家人尤其是子女要如何为人处世。"所贵者"说的是"责任",分成"君""臣""父""子""兄""弟""父""妇"八个类别来说,句式相同,"仁""忠""慈""孝""友""恭""和""柔"八个字应作为重音处理,用一种相同的语态表现,注意八个分句之间的衔接。接下来的若干分句有十二种形式,可分别归类,分句内可再分成小类。第一层段的诵读应遵循长辈对晚辈、德高望重者对他人的告诫之端庄语态,应有居高临下、循循善诱的感觉。语速可中慢,语势呈下坠型。自"此乃日用常行之道"到"可不慎哉!"为第二层段,说的是以上的道德行为规范之于做人做事的重要性。结句"可不慎哉!"要用加重语气带动语势,情绪倾力而出,灌泄如注,中音较慢强收。

知识链接

朱熹:(1130—1200),南宋著名理学家、思想家、哲学家、教育家、诗人、闽学派的代表人物,世称"朱子"。江西婺源人。为政期间,申敕令,惩奸吏,治绩显赫。朱熹是孔孟以来最杰出的弘扬儒学的大师,其学术思想在元、明、清三代一直是封建统治阶级的官方哲学,标志着封建社会意识形态的更趋完备。

《朱子家训》也称《朱文公家训》《紫阳朱子家训》。所谓"家训",即家长在立身处世、为学等方面对子孙的教诲。《朱子家训》虽然成书于八百多年前,但其内容放射着理性光芒,向世人展示了中华民族的优秀道德文明和深厚的文化底蕴。本家训出自安徽怀宁冶塘《亮景堂朱氏宗谱》。

第四单元　元杂剧唱词

重点、难点:在有情节、矛盾、人物身份时戏剧唱词的诵读表现技巧。

西厢记·第四本·第三折(节选)
王实甫

【正宫·端正好】碧云天,/黄花地,/西风紧。/北雁南飞。//晓来谁染霜林醉?/总是离人泪。///

【滚绣球】恨/相见得迟,/怨/归去得疾。/柳丝长/玉骢(cōng)/难系(xì),/恨不倩/疏林挂住斜晖。//马儿/迍迍(zhūn)的行,/车儿/快快的随,/却/告了(liǎo)/相思回避,/破题儿/又早别离。//听得道/一声去也,/松了(liǎo)金钏(chuàn);/遥望见/十里长亭,/减了(liǎo)玉肌:/此恨/谁知?///

……

【叨叨令】见/安排着车儿、马儿,/不由人/熬熬煎煎的气;/有甚么心情花儿、靥(yè)儿,/打扮得/娇娇滴滴的媚;/准备着被儿、枕儿,/则索/昏昏沉沉的睡;/从今后//衫儿、袖儿,/都揾(wèn)帮/重重叠叠的泪。//兀的/不闷杀人也么哥!//兀的不闷杀人也么哥!/久已后书儿、信儿,,/索与我/凄凄惶惶的寄。///

……

【耍孩儿】淋漓/襟袖/啼红泪,/比/司马青衫/更湿。/伯劳/东去/燕西飞,/未登程/先问归期。//虽然/眼底人千里,/且尽/生前酒一杯。//未饮/心先醉,/眼中流血,/心内成灰。///

【五煞】到/京师/服水土,/趁/程途/节饮食,/顺时/自/保揣(chuǎi)/身体。//荒村/雨露/宜眠早,/野店/风霜/要起迟!/鞍马秋风里,/最难调(tiáo)护,/最要扶持。///

【四煞】这忧愁/诉与谁?/相思/只自知,/老天/不管/人憔悴。/泪添/九曲黄河溢,/恨压/三峰华(huà)岳低。//到晚来/闷把/西楼倚,/见了些/夕阳古道,/衰柳长堤。///

【三煞】笑吟吟/一处来,/哭啼啼/独自归。/归家/若到/罗帏里,/昨宵个/绣衾香暖/留春住,/今夜个/翠被生寒/有梦知。//留恋你/别无意,/见/据鞍上马,/阁不住/泪眼愁眉。///

……

【二煞】你休忧/"文齐福不齐",/我只怕/你/"停妻再娶妻"。/你休要/"一春鱼雁/无消息!"//我这里/"青鸾有信/频须寄",/你却休/"金榜无名/誓不归"。//此一节/君须记,/若见了/那/异乡花草,/再休似/此处栖迟。///

【一煞】青山/隔/送行,/疏林/不做美,/淡烟暮霭/相遮蔽。//夕阳/古道/无人语,禾黍(shǔ)/秋风/听马嘶。//我为甚么/懒上车儿内,/来时甚急,/去后何迟?//

……

【收尾】四围/山色中,/一鞭/残照里。/遍/人间烦恼/填胸臆,/量/这些/大小车儿/如何/载得起?///

【题解】崔相国死后,夫人郑氏携小女崔莺莺送其灵柩回乡,途中暂住河中府普救寺。莺莺年方十九,针织女工、诗词书算无所不能,父亲在世时就将她许配给郑氏侄儿郑恒。莺莺与丫鬟红娘到普救寺殿外玩耍,巧遇书生张珙(gǒng)。张生本是礼部尚书之子,父母早亡,只身一人赴京赶考路过此地,想起八拜之交杜确统领十万大军镇守蒲关,住下来准备拜访。听店小二说,普救寺是武则天的香火院,三教九流过客无不瞻仰,于是在普救寺与莺莺相遇。张生为能多见莺莺几面,借宿住进西厢房。夜深人静,张生到后花园偷看莺莺烧香,随即二人以诗相对。张生夜夜苦读感动了莺莺,彼此也产生了爱慕之情。时叛将孙飞虎听说莺莺有"倾国倾城之容",便率领五千人马将普救寺围住，限老夫人三日之内交出莺莺做"压寨夫人"。莺莺宁死不从。危急之中老夫人声言："不管是什么人，只要能杀退贼军，扫荡妖氛，就将小姐许配给他。"张生先用缓兵之计稳住孙飞虎，然后写信让杜确前来救围。三日后杜确救兵击退孙飞虎，老夫人在酬谢席上以莺莺已许配郑恒为由，厚赠金帛让张生另择佳偶。夜晚张生弹琴向莺莺表白相思之苦，莺莺也向张生倾吐爱慕之情。自听琴后，多日不见莺莺，张生害了相思病，莺莺借探病为名到张生房中幽会。老夫人看莺莺神情恍惚，言语不清，行为古怪，叫来红娘逼问，红娘只好如实说来，并替小姐和张生求情。老夫人无奈，告诉张生想娶莺莺必须进京赶考取得功名。莺莺在十里长亭摆下筵席为张生送行。长亭送别后，张生考得状元。这时郑恒来到普救寺，谎说张生已被卫尚书招为东床。老夫人再次将小姐许给郑恒，决定吉日完婚。成亲之日，张生以河中府尹身份归来，真相大白，郑恒羞愧难言，含恨自尽。张生与莺莺终成眷属。

【注释】1. 霜林醉：枫叶经霜变红，就像人酒醉后的样子。2. 柳丝："留""思"的谐音。3. 玉骢：一种青白色的马。4. 倩：请求。5. 迍迍：行动迟缓的样子。6. 却：恰巧，刚。7. 回避：离开、抛却的意思。意思说才结束了相思，又开始了别离。8. 松了金钏：由于消瘦，手镯松落了。9. 金钏：金镯子。10. 靥：古代妇女面部的一种饰物。11. 凄凄惶惶：悲凄、惶恐，急忙的样子。12. 伯劳东去燕西飞：比喻分离。伯劳：鸟名。13. 眼底人千里：眼前之人将去到千里之外。眼底：眼前的。14. 趁程途：赶路程。15. 九曲黄河：指曲折的黄河河道。16. 三峰华岳：华山著名三大高峰，即莲花峰、毛女峰、松桧峰。17. 据鞍：跨上马鞍。18. 文齐福不齐：古时成语，意思说文章虽然写得好，运气却不佳。19. 停妻再娶妻：抛开原来的妻子又娶妻，即重婚。20. 青鸾：神话传说中为西王母报信的神鸟。21. 异乡花草：喻指他乡女子。22. 栖迟：滞留不归。23. 大小车儿："大小"是复词偏义，这里指小车。

【诵读提示】《长亭送别》是《西厢记》中最为脍炙人口的一折戏，共分三个部分，本文选的是第一、三部分，全部是崔莺莺的唱词。这场送别戏共有十九支曲文，既是塑造莺莺形象的重场戏，也充分体现了王实甫剧作情景交融、富于文采的特点。诵读时首先应明确诵读的目的，确定好诵读者的身份。戏词诵读的作用主要是站在"旁白"的角度，以"介绍"为主，帮助听观众更好地理解剧中人物唱段的内容，引发听观众的兴趣。诵读时既不能喧宾夺主，又必须投入适当的情感，这里诵读者"度"的把握尤为重要。

在诵读时，第一，要深入理解剧情内容，将剧情的发展脉络、人物关系、人物性格交代描绘清楚，有时可平铺直叙，有时须浓墨泼洒，有时也可适当点染，一切以剧情的需要为宗旨。第二，讲究合辙押韵。既然是戏词，写作本身就有这方面的要求，诵读者不能脱离韵文特点自创一套所谓的表达方法，应尽量照应到演唱者行腔使韵的味道。第三，演员在舞台上现场演唱前的旁白诵读与广播电视里的唱腔前面的"介绍"性诵读，如"某某唱到……"或"剧中唱到"，还是有所区别的。前者由于是剧场演出，所以语言的浓度、表现的张力、渲染的强度均应稍大些。

比如第一部分，从开始起句到"索与我凄惶惶的寄"止，写暮秋悲凉的送别路上的凄恻情景。第一自然段一上来就要融情于景，将景色"描"足。景色描写得越美，越能反衬出剧中人物行将分别时依依不舍的凄楚和惆怅。"碧云天，黄花地，西风紧。北雁南飞"，要一气走下来。"晓来谁染霜林醉？总是离人泪"，是自问自答，先将语句挑起，然后中落。第二自然段接着就是表现剧中主人公的"恨怨"和"无奈"。前四句应连着走，咬字力度上要"紧"一些。接下来四句的"马儿""车儿"中的"儿"字因为唱词中有拖腔,需要占用一个音节。"松了""减了"中的"了"字同样如此,应读 liǎo。"听得道一声去也,松了金钏"与"遥望见十里长亭,减了玉肌"作为上下句,还应有所对应。这一部分的韵脚是"灰堆"辙与"一七"辙的交互运用,尤应注意"飞""醉""泪""疾""系""避""离""肌""气""寄""晖""随""媚""睡""泪"等字的"扣韵"。第三自然段表现的是主人公的"气""闷"以及无可奈何之中的"哀愁"。"花儿""靥儿""被儿""枕儿""衫儿""袖儿""书儿""信儿"中的"儿"字也要占用一个字节。"兀的不闷杀人也么哥!"的两遍重复,是行腔的需要,"么哥"是衬字,只要有音节的铺垫,展现出足够的时长即可。第二部分从"淋漓襟袖啼红泪"始,到最后写莺莺满怀离愁别恨,分别时千叮咛万嘱咐要求张生保重身体,不能"停妻再娶",要永远忠于爱情。以【耍孩儿】起势,到五个【煞】,又安了个【收尾】,将莺莺的千叮万嘱以及作者的议论表达得淋漓尽致。【一煞】至【五煞】可视为莺莺的苦苦相嘱,要有人物的口吻和状态,争取做到深情地诉说。【耍孩儿】和【收尾】都是为莺莺诉说托衬的,尤其是收尾句"遍人间烦恼填胸臆,量这些大小车儿如何载得起?"要给足情感分量,以重锤敲住,以反问上扬的语势结束。

知识链接

　　王实甫:(1260—1336),大都人,元代杂剧作家,生平史料极少。元杂剧作家大多是混迹于倡优之间、纵情风月的市井文人。大都时期的西四砖塔胡同一带有勾栏数十处,既是元杂剧演出的主要场所,也是三教九流聚集的地方。王实甫、关汉卿等整日流连于此,所以最能体味到社会下层人的生活,反映他们的愿望。

王实甫一生共创作14部杂剧,代表作《西厢记》(全名《崔莺莺待月西厢记》)是在元稹传奇《莺莺传》基础上创作的,共五本二十一折,诞生七百多年来,被全国多个剧种久演不衰。《西厢记》突破了元杂剧一本四折的格式,对后来的戏剧创作和大胆革新起到了引领作用。

《西厢记》从根本上改变了《莺莺传》的主题思想和莺莺的悲剧结局,把男女主人公塑造成在爱情上坚贞不渝、敢于冲破封建礼教束缚并经过不懈努力终于得到美满结果的一对青年。这一改动使剧本的反封建倾向更加鲜明,突出了"愿普天下有情人终成眷属"的主题。剧本通过错综复杂的戏剧冲突来完成莺莺、张珙、红娘等艺术形象的塑造,使人物的性格特征生动鲜明,增强了作品的戏剧性。

窦娥冤·第三折(节选)

关汉卿

【正宫·端正好】没来由/犯王法,/不提防/遭刑宪,/叫声屈/动地惊天。//顷(qǐng)刻间/游魂/先赴/森罗殿,/怎不将/天地也/生埋(mán)怨。///

【滚绣球】有日月/朝暮悬,/有鬼神/掌着生死权。//天地也/只合把/清浊分辨,/可怎生/糊突了(liǎo)/盗跖(zhí)/颜渊:/为善的/受贫穷/更命短,/造恶的/享富贵/又寿延。//天地也,/做得个/怕硬欺软,/却元来/也这般/顺水推船。//地也,/你/不分好

歹/何为地。/天也,/你/错勘(kān)贤愚/枉(wǎng)做天！//哎,/只落得/两泪涟涟。///

……

【快活三】念/窦娥/葫芦提/当罪愆(qiān),/念/窦娥/身首/不完全,/念/窦娥/从前已往/干家缘;//婆婆也,/你/只看/窦娥/少年/无娘面。///

【鲍老儿】念/窦娥/服侍婆婆/这几年,/遇时节/将/碗/凉浆/奠;/你去那/受/刑法尸骸上/烈些纸钱,/只当/把你/亡化的孩儿荐。//婆婆也,/再也不要/啼啼哭哭,/烦烦恼恼,/怨气冲天。/这/都是我/做窦娥的/没时没运,/不明不暗,/负屈衔冤。///

【耍孩儿】不是/我/窦娥/罚下/这等/无头愿,/委实的/冤情不浅。/若没些儿/灵圣/与世人传,/也不见得/湛湛青天。//我不要/半星热血/红尘洒,/都只在/八尺旗枪/素练悬。/等他/四下里皆瞧见,/这就是/咱/苌弘化碧,/望帝啼鹃。///

……

【二煞】你道是/暑气暄,/不是那/下雪天;/岂不闻/飞霜六月/因邹衍?/若果有/一腔怨气/喷如火,/定要/感得/六出冰花滚似锦,/免着我/尸骸/现;/要什么/素车/白马,/断送/出/古陌荒阡?///

【一煞】你道是/天公不可期,/人心不可怜,/不知/皇天/也肯从人愿。/做甚么/三年/不见/甘霖降?/也只为/东海/曾经/孝妇冤。//如今/轮到/你山阳

县。/这都是/官吏/每/无心正法,/使/百姓/有口难言。///

【煞尾】浮云/为我阴,/悲风/为我旋,/三桩儿誓愿/明题遍。//婆婆也,/直等待/雪飞六月,/亢旱三年呵,/那其间/才把你个/屈死的冤魂/这/窦娥显。///

【题解】《窦娥冤》全名《感天动地窦娥冤》,是关汉卿的代表作,中国十大悲剧之一的传统代表剧目,国内86个剧种上演过此剧。

剧情大意是:楚州贫儒窦天章因无钱进京赶考,将幼女窦娥卖给蔡婆家为童养媳。窦娥婚后丈夫去世,婆媳相依为命。蔡婆外出讨债时遇到流氓张驴儿父子,被其胁迫。张驴儿企图霸占窦娥,见她不从,便想毒死蔡婆以要挟窦娥,不料误毙其父。张驴儿诬告窦娥杀人,官府严刑逼讯婆媳二人。窦娥为救婆婆自认杀人,被判斩刑。临刑时窦娥指天为誓:死后将血溅白绫、六月降雪、大旱三年,以明己冤。后来果然都应验。三年后窦天章任廉访使至楚州,见窦娥鬼魂出现,于是重审此案,为窦娥昭雪申冤。

故事源于《列女传》中《东海孝妇》,但却紧扣当时社会现实,真实而深刻地反映了社会的极端黑暗和残酷,表现了人们坚强不屈的斗争精神和争取独立生存的强烈要求,成功地塑造了"窦娥"这个悲剧主人公形象,使其成为元代社会底层善良、坚强而走向反抗的妇女典型代表。

【注释】1.苌弘化碧:苌弘,周景王、敬王的大臣刘文公,又称苌叔,在晋卿内讧中帮助范氏,被周人杀死。传说其血三年化为碧玉。2. 望帝啼鹃：望帝，古代神话中蜀王杜宇的称号，传说他因水灾让位给臣子，自己隐居山中，死后化为杜鹃，日夜悲鸣，啼到出血才停止。3. 盗跖：先秦时代著名的叛逆者，称他为"盗"是基于封建统治者的观点。4. 颜渊：名回，春秋末期鲁国人。在孔门弟子七十二贤中，颜回品德与学业均翘居群首，受到孔子多次赞许。5. 邹衍：战国时期齐国人，阴阳家的主要代表。

【串译】【正宫·端正好】无缘无故犯了王法，没想到要遭受刑罚，叫声冤屈啊，震动了地，也惊动了天。等一会儿我的游魂就要先到阎罗殿，怎么能不把天地深深埋怨。【滚绣球】有太阳、月亮白天黑夜高挂天上，有鬼、神掌管着人的生死大权。天地呀！只应该把清白和污浊仔细分辨，可是怎么混淆了好人和坏人的界限？做好事的受贫穷又命短，做恶事的反而享富贵又长寿。天地呀！做事这样怕硬吃软，却原来也是这样地顺水推船。地呀！你不分好坏，凭什么做地？天呀！你错判善恶，白白地做天！哎，只落得我两眼泪水涟涟。【快活三】可怜我窦娥被官府糊里糊涂地判了死罪，可怜我窦娥身首分离不完全，可怜我窦娥过去操劳家务，婆婆呀，你只看在我窦娥从小没爹没娘的面上。【鲍老儿】看在我窦娥侍奉你这几年的分上，逢年过节用碗凉汤祭奠我。你到那受了刑法的尸骨上烧些纸钱，只当是把你死去的儿子来祭奠。婆婆呀，你再也不要哭哭啼啼，忧愁烦恼，怨气冲天。这都是我窦娥的时运不好，糊里糊涂，负屈含冤。【耍孩儿】不是我窦娥故意发下这些没来由的誓愿，确实是我的冤情不浅；如果没有些灵验给世人传看，就显不出天理昭彰。我不要半点热血洒在地面，都只溅在八尺旗杆挂的白绸布上，叫四周的人都看见，这就是我窦娥像苌弘一样，热血化做碧玉，像望帝一样，死后化为悲鸣的杜鹃。【二煞】你说是暑天天气热，不是那下雪的天，难道没听说六月下雪是因为邹衍？如果真有一腔怨气喷洒如火,一定要感动得雪花滚滚如绵,免得我尸骨暴露在外面;还要什么白车白马,送我到那偏僻的荒野?【一煞】你以为是上天不能指盼,人心不值得可怜?不知道老天爷也肯顺从人愿。为什么三年里没有看见下雨?那也只是因为东海曾经有个孝妇蒙受冤屈。如今轮到你山阳县,这都是因为官吏们无心秉公执法,使老百姓有口难言。【煞尾】浮云为我遮日变阴,悲风为我旋转咆哮,三桩誓愿我明白地说完了。婆婆呀,一直等待六月飞雪,大旱三年,到时候才把你屈死的窦娥的冤魂显现。

【诵读提示】《窦娥冤》全剧为四折一楔子。第一、二折写窦娥为救婆婆,牺牲自我而蒙受冤屈;第三折是窦娥喊冤、诉冤、显冤;第四折是窦天章为女儿窦娥雪冤。本文选的第三折是全剧矛盾冲突的高潮部分,写窦娥被押赴刑场杀害的悲惨情景,揭露了元代吏治的腐败残酷,反映了当时的社会黑暗,歌颂了窦娥的善良心灵和反抗精神。窦娥死了,但给人间留下了一个勤劳善良、坚强不屈、富于反抗精神的感人形象。

诵读这一段唱词,应先将其切成四大块,紧紧围绕"诉怨""争抗""求奠""发誓"的过程逐一展现。"诉冤"——从"没来由犯王法"始,至"怎不将天地也生埋怨",起句就要将冤情"铺叙"进去,在神似状态中,哭中带诉,诉中带哭,语调中应夹带些哀婉冤怨之气。"争抗"——自"有日月朝暮悬"始,至"只落得两泪涟涟",应表现出一个普通平民妇女在申辩无路的情况下向社会制度发问的勇气和要讨个天理的执着,语气逐渐加重,音高音强逐渐走强,在经过抗争之后又回到无奈和无用,调子落下来,语速慢下来,用弱控制收住。"求奠"的过程,是窦娥倾诉与相依为命的婆婆情谊至深的过程,自"念窦娥葫芦提当罪愆"到"望帝啼鹃"止,用几个"念"字道出在封建制度下人穷命贱的苦楚及负屈衔冤的宿命。这一段的咬字要继续在中弱程度,不事张扬,意在表现窦娥还想着博得一掬同情的泪水。"发誓"——自"你道是暑气暄"至结束。"发誓"即是发咒,在诉冤无门、争抗无用后,也就再也没什么可怕的了,所以诅咒要"咒"得撼天动地、"咒"得荡气回肠,收惊天地、泣鬼神的强烈悲剧效果。

知识链接

关汉卿:(约1220—1300),元代杂剧作家,"驱梨园领袖,总编修师首,捻杂剧班头"。编有杂剧67部,现存18部。其中,《窦娥冤》《救风尘》《望江亭》《拜月亭》《单刀会》等都是其代表作。关汉卿是伟大的戏曲家,被后人列为元曲四大家之首,称之为"曲圣"。1958年,有关部门展开关汉卿创作700周年纪念活动,国内至少100种不同戏剧形式、1 500个职业剧团同时上演关汉卿的剧本,剧作被译为英、法、德、日等多种语言在世界各地广泛传播。

关汉卿生活的时代,政治黑暗腐败,社会动荡不安,阶级矛盾和民族矛盾十分突出,人民群众生活在水深火热之中。他的剧作深刻地再现了社会现实,充满着浓郁的时代气息。而慷慨悲歌、乐观奋争构成了关汉卿剧作的基调。当然写得最出色的还是一些普通妇女形象,她们遭遇悲惨,但为人正直、善良、聪明、机智,同时具有强烈的反抗意识,敢于向黑暗势力展开搏斗、至死不屈。

牡丹亭·惊梦(节选)

汤显祖

【皂罗袍】原来/姹紫嫣红/开遍,/似这般/都付与/断井颓垣(yuán)。//良辰美景/奈何天,/赏心乐事/谁家院!//朝飞暮卷,/云霞翠轩;/雨丝风片,/烟波画船——//锦屏人/忒(tuī)看的/这/韶光/贱!

【题解】《牡丹亭》写的是杜丽娘慕色还魂的故事,五十五出,基本情节源自明代话本《还魂记》。小说中杜丽娘还魂后门当户对的婚姻顺利缔成,而在戏剧中作者对此进行了脱胎换骨的改造,把传说故事与明代社会现实生活结合起来,使之具有强烈的反礼教、反封建色彩,焕发出追求个性自由的光辉理想。

杜丽娘是古典戏曲中最可爱的少女形象之一,出身和社会地位规定她本应成为具有三从四德品质的贤妻良母。她人生第一课是《诗经》首篇《关雎》,传统说法认为《关雎》是最好的闺范读本,可她却直觉地认为《关雎》是一支恋歌。在婢女春香的怂恿下,她偷偷地来到后花园赏春。"不到园林,怎知春色如许",春天大自然唤醒了她的青春活力。她生活在笼罩着封建礼教气氛、几乎与世隔绝的环境中,眼睁睁地看着青春即将逝去却无能为力、不由自主,只好把炽热的感情压抑在心中。汤显祖没有因袭前人小说戏曲中一见倾心、互通殷勤、后花园私订终身的手法,而安排杜丽娘在游园之后和情人在梦中幽会。幽会以后接着描写她第二次到园中"寻梦"。《惊梦》和《寻梦》是杜丽娘郁积在心中的热情的爆发,也是她反抗现实世界的实际行动。

【诵读提示】此段唱词主要刻画了杜丽娘千回百转的心态变化。前半部写的是备受压抑的杜丽娘内心深处对美好景致的向往使得初入园林的她心潮起伏,如此美好的春光却无人观赏,杜丽娘由此联想到自己,不禁悲从中来。这些内心情愫集中反映在开句"原来姹紫嫣红开遍,似这般都付与断井颓垣。良辰美景奈何天!赏心乐事谁家院"中。姹紫嫣红的美好景色都给了断井颓垣观赏,由物及人,一种自怜的情绪油然升起。所以诵读起句应自中低度开始,平趋下去,突出良辰美景与赏心乐事之间的矛盾,用春天的生机强化烘托她黯然伤感的情怀。后半部写现实的苦闷、青春的觉醒使得杜丽娘对外部世界充满了无限向往:"朝飞暮卷,云霞翠轩;雨丝风片,烟波画船——锦屏人忒看的这韶光贱。""锦屏人"指幽禁在深闺中的女子,即杜丽娘自指。杜丽娘在想象中把眼光从自家的深宅大院转向了外面的世界,那世界是如此自由自在,人们在涂金错采的游船中赏春游玩,直把个三春看尽。这段唱词既是景语,也是情语,人物的感情和景色交织在一起,映衬出杜丽娘对景自怜的伤感。后半部诵读情绪可扬起一些,色彩可表现得舒亮鲜明一些,这样可将其内心深处顾影自怜的哀愁在美好春光的感召下喷薄而出的状态表现得更充分、更丰满。

知识链接

汤显祖:(1550—1616),明代剧作家、文学家,被誉为"东方莎士比亚"。祖籍临川,二十一岁中举。由于不肯依附权贵到三十四岁才中进士。万历十九年,目睹官僚腐败愤而上疏,抨击朝政,触怒皇帝被贬,愤而弃官归里,潜心于戏剧及诗词创作。代表作《紫钗记》《南柯记》《牡丹亭》《邯郸记》,合称"临川四梦"。

第五单元　明清散文

重点、难点:纪实性散文、格言的语态、节奏等诵读技巧。

小窗幽记(十八则)
陈继儒

　　花繁柳密/处,拨得/开,才是/手段;//风狂雨急/时,立得/定,/方见/脚根。

　　使人/有/面前之誉,不若/使人/无/背后之毁;//使人/有/乍交之欢,/不若/使人/无/久处之厌。

　　俭,/美德也,/过则/为/悭吝,/为/鄙啬,/反/伤雅道;//让,/懿行也,/过则/为/足恭,/为/曲谨,/多/出机心。

　　澹泊之士,/必为/秾艳者/所疑;//检饰之人,/必为/放肆者/所忌。

谈/山林之乐者,/未必/真/得/山林之趣;//厌/名利之谈者,/未必/尽/忘/名利之情。

贪得者,/身富/而/心贫;//知足者,/身贫/而/心富;//居高者,/形逸/而/神劳;//处下者,/形劳/而/神逸。

多读/两句书,/少说/一句话,//读得/两行书,/说得/几句话。

轻财/足以聚人,/律己/足以服人,/量宽/足以得人,/身先/足以率人。

大事难事,/看/担当;//逆境顺境,/看/襟度;//临喜临怒,/看/涵养;//群行群止,/看/识见。

安详/是/处事/第一法,//谦退/是/保身/第一法,//涵容/是/处人/第一法,//洒脱/是/养心/第一法。

神人之言/微,/圣人之言/简,/贤人之言/明,/众人之言/多,/小人之言/妄。

先淡后浓,/先疏后亲,/先远后近,//交友/道也。

无事/便思/有/闲杂念头否,有事/便思/有/粗浮意气否;//得意/便思/有/骄矜辞色否,/失意/便思/有/怨望情怀否。///时时检点得到,/从多入少,/从有入无,/才是/学问的/真/消息。

贫贱之人,/一无所有,及临/命终时,/脱一厌字;//富贵之人,/无所不有,/及临/命终时,/带一恋字。///脱一厌字,/如释重负;/带一恋字,/如担枷锁。

病至,/然后/知/无病之快;//事来,/然后/知/无事之乐。//故/御病/不如/却病,/完事/不如/省事。

我/不害人,/人/不我害;//人/之害我,/由/我害人。

贫/不足羞,/可羞/是/贫而无志;//贱/不足恶(wù),/可恶/是/而无能;//老/不足叹,/可叹/是/老而虚生;//死/不足悲,/可悲/是/死而无补。

我/有功于人,/不可念,/而/过/则/不可不念;//人/有恩于我,/不可忘,/而/怨/则/不可不忘。

【诵读提示】陈继儒《小窗幽记》十八则,既无人物、事件,也无故事情节和矛盾冲突,是一些艺术或生活的点滴感悟,可看作艺术小品文。这些小品句子简短,但却言约意丰,精当直执,于明了直白的表述之中揭示了生活或艺术的真谛,给人以深思和启发。一般来说,诵读时只要将句子内部的逻辑关系交代清楚即可,但仍需注意句中的语气和口吻,有些句子讲究罗列和排比,尤应注意分句之间的对仗和照应,有时可用点"甩腔"。要求诵出文气,诵出情绪,诵出节律,诵出韵味,诵出境界。当然也无疑会于诵读之中陶冶性情,塑造艺术人格。

下文洪应明的《菜根谭》二则、张潮的《幽梦影》三则均属此类,恕不赘述。

> **知识链接**
>
> 陈继儒：明代文学家、书画家，与董其昌齐名。工诗文、书画，擅墨梅、山水。论画倡导文人画，持南北宗论，重视画家的修养，赞同书画同源。著有《小窗幽记》。

菜根谭（二则）

洪应明

荣辱不惊,/闲看/庭前/花开花落;//去留无意,/漫随/天外/云卷云舒。

昼闲人寂,/听/数声/鸟语悠扬,不觉/耳根尽彻;//夜静天高,/看/一片/云光舒卷,/顿令/眼界俱空。

> **知识链接**
>
> 洪应明：江苏金坛人。早年热衷于仕途功名，晚年归隐山林，洗心礼佛，潜心著述。《菜根谭》，取自宋儒汪革语："人就咬得菜根，则百事可成。"意思是说，一个人只要就够坚强地适应清贫生活，不论做什么事情都会有所成就。一个人面对厄运，必须坚定自己的操守，奋发努力，辛勤培植与浇灌自己的理想。

《菜根谭》:成书于明万历年间。在相当长的时间里并未受到足够的重视,《四库全书》连"存目"都未收入。但是近年来一股《菜根谭》热风行于海内外,人们将其与《孙子兵法》《三国演义》一起视作中国传统文化的经典之作。洪应明生活的年代,明朝社会进入后期,明政府统治力下降,腐败现象逐渐成为常态,与此同时市民阶级发展壮大,商业繁荣,科技进步,思想活跃,言论趋向自由,社会价值观开始转向开放、奢侈和淫逸。一些有见识的知识分子在经历了仕途挫折之后,纷纷退隐江湖。既不愿意与当权者同流合污,也不愿意违心迎合世俗的社会风气,于是表现隐者高逸超脱情怀的作品大量出现。《菜根谭》就是其中的代表。总的来说,《菜根谭》反映了明代知识分子佛、儒、道三教合一的思想。或者说是著者糅合了儒家中庸之道、释家出世思想和道教无为思想,结合自身体验形成的一套出世入世的法则。

幽梦影(三则)

张潮

读经/宜/冬,/其/神/专也;//读史/宜/夏,/其/时/久也;//读诸子/宜/秋,/其/致/别也;//读诸集/宜/春,/其/机/畅也。

花/不可以/无蝶,//山/不可以/无泉,//石/不可以/无苔,//水/不可以/无藻,//乔木/不可以/无藤萝,//人/不可以/无癖。

春/听/鸟声,/夏/听/蝉声;/秋/听/虫声,/冬/听/雪声。//白昼/听/棋声,/月下/听/箫声,/山中/听/松风声,/水际/听/欸乃声,///方/不虚/生此世/耳。

> **知识链接**
>
> 张潮:安徽歙县人,清代文学家、小说家、刻书家。《幽梦影》是作者对于生活中的一些事物抒发的看法,语言简练而且深刻,基本上一两句话之间即留下足够回味的空间,且有很多独到的见解。

聊斋志异·狼

蒲松龄

一屠/晚归,/担中肉尽,/止有剩骨。//途中两狼,/缀(zhuì)行甚远。//屠/惧,/投以骨。//一狼/得骨/止,/一狼/仍从。//复/投之,/后狼止/而/前狼/又至。//骨/已尽,/而/两狼之/并驱如故。//屠/大窘(jiǒng),/恐/前后受其敌。/顾/野有麦场,/场主/积薪其中,/苫(shàn)蔽成丘。//屠/乃奔倚(yǐ)其下,/弛担/持刀。//狼/不敢前,/眈(dān)眈相向。///

少时,/一狼/迳(jìng)去,/其一/犬坐于前。//久之,/目似瞑,/意暇(xiá)甚。//屠/暴起,/以刀/劈狼首,/又/数刀/毙之。//方欲行,/转视/积薪后,/一狼/洞/其中,/意将隧入以攻其后也。/身已半入,/止露尻(kāo)尾。//屠/自后/断其股,/亦毙之。//乃/悟/前狼假寐,/盖/以诱敌。///

狼/亦/黠(xiá)矣!//而/顷刻/两毙,/禽兽/之/变诈/几何哉?//止/增/笑耳。

【注释】1.屠:宰杀牲畜,这里指屠户。2.止:通"只",只有。3.缀行甚远:紧随着走了很远。缀:是"紧跟"的意思。4.投以骨:以骨投之。5.从:跟从。6.窘:困窘急迫。7.敌:胁迫、攻击。8.顾:看见。9.积薪:堆柴,这里指麦秸。10.苫蔽成丘:覆盖成小山似的。11.弛:这里指卸下。12.眈眈相向:瞪眼朝着屠户。13.少时:一会儿。14.径去:径直走开。15.犬坐于前:像狗似地蹲坐在前面。16.久之:很久。17.暝:闭眼。18.意暇甚:神情悠闲得很。意,这里指神情、态度。暇,指空闲。19.暴:突然。20.毙:杀死。21.洞其中:在其中打洞。洞,作动词。22.隧:作动词,钻洞。23.尻:屁股。24.股:大腿。25.盖:原来。26.变诈:作假、欺骗。27.几何:多少。

【串译】有个屠户天晚回家,担子里的肉已经卖完了,只剩下一些骨头。路上遇到两只狼,紧随着他走了很远。屠户害怕了,拿起一块骨头扔了过去。一只狼得到骨头停下了,另一只狼仍然跟着。屠户又拿起一块骨头扔过去,后得到骨头的那只狼停下了,可是先得到骨头的那只狼又跟上来。骨头已经扔完了,两只狼仍像原来一样一起追赶。屠户很窘迫,害怕前后一起受到狼的攻击。看见野地里有一个打麦场,场主人把柴草堆在打麦场里,覆盖成小山似的。屠户于是奔过去倚靠在柴草堆下面,放下担子拿起屠刀。两只狼都不敢向前,眼睛瞪着屠户。

过了一会儿,一只狼径直走开,另一只狼像狗似地蹲坐在前面。时间长了,那只狼的眼睛似乎闭上了,神情悠闲得很。屠户突然跳起来,用刀劈狼的脑袋,又连砍几刀把这只狼杀死了。屠户正要上路,转到柴草堆后面一看,只见另一只狼正在柴草堆里打洞,想要钻过去从背后对屠户进行攻击。狼的身子已经钻进一半,只有屁股和尾巴露在外面。屠户从后面砍断了狼的后腿,把狼杀死。这才明白前面的那只狼假装睡觉,原来是用来诱惑自己的。

狼也太狡猾了,可是一会儿两只狼都被砍死了,禽兽的欺骗手段能有多少呢? 只不过给人增加笑料罢了。

【诵读提示】本文可分为三层。第一层写两狼追赶屠户,屠户先是迁就退让,继而被迫抵抗自卫。这一层的意思又分为三小段,从"一屠晚归"至"缀行甚远",简洁地叙述了屠户遇狼的时间、地点和情况,草草几笔就勾画出危急的处境和紧张的气氛,为后面描述屠户的斗争策略作了铺垫。诵读这一小段要表现出屠户面对两饿狼的"惧"。第二小段要描述出屠户处境更加危险,充分暴露狼的贪婪本性,证明屠户退让迁就策略的失败。第三小段说的是屠户在事实面前吸取了教训,开始考虑如何改变"前后受敌"的不利局面。第二层分两小段。第一小段,从"少时"至"又数刀毙之"。这是狼在屠户持刀的情况下耍弄的新花招。诵读时应细腻地刻画狼"假寐"的狡诈形象。这时的屠户虽然不能猜透它们诱敌包抄然后夹击的花招,但对于狼的凶狠狡诈有了清醒的认识,所以不受这种假象欺骗,不是释刀自喜,而是趁机"暴起",猝不及防地以刀劈狼首,结果了它的性命。"暴起"的动作描写应表现得果敢、决绝,语气坚定有力。第二小段,作者借屠户的锐利眼睛,点出狼"隧入以攻其后"的企图,揭露其"身已半入,止露尻尾"那种弄巧成拙的丑态,即"亦毙之"作了痛快的结束。行文至此,才以画龙点睛之笔点出屠户"方悟前狼之假寐,盖以诱敌"的道理,与上层紧相呼应。诵读到此,应揭示出这样一个道理:只知狼凶狠的特性,不了解狼的欺诈一面就要受骗上当;只看到眼前的狼,却不注意暗藏的狼,满足于一时的胜利,到头来还会遭到失败。第三层是作者诙谐风趣的议论,指出狼的狡黠而嘲笑其顷刻而毙的结局,也间接赞扬了屠户的勇敢机智,余味无穷。

知识链接

蒲松龄:(1640—1715),别号"柳泉居士",清代文学家,淄川蒲家庄人。19岁应童子试,以县、府、道三考皆第一而闻名籍里。后来却屡应省试不第,直至71岁时才成岁贡生。毕其一生精力完成《聊斋志异》。

《聊斋志异》:8卷、491篇,被誉为我国古代文言短篇小说中成就最高的作品集,鲁迅称此书是"专集之最有名者",郭沫若为蒲氏故居题联:"写鬼写妖高人一等,刺贪刺虐入骨三分"。

艺概·书概(一则)

刘熙载

山之精神/写不出,/以/烟霞写之;//春之精神/写不出,/以/草树写之。///故/诗/无/气象,/则/精神/亦/无所寓矣。

【诵读提示】此则表象是阐释写诗的技法,实则是阐释诗歌创作的精髓,即诗歌要有"气象",有了"气象","精神"才有所依附和寄托。文中"草木""烟霞"为实写,是正面描写事物的形象;"山之精神""春之精神"为虚写,是采取侧面烘托或暗示的写法,描绘出那些难以表现的对象特征。在这里,虚写与实写的关系是以实为体,以虚为用。古人写诗十分重视虚实相生的技巧,我们在鉴赏古典诗歌的表现手法时,有时也要从虚实结合的角度进行赏析。

"山""烟霞""春""草树"都是重音之所在。前两个分句为一层段,后一分句是结句,力度应强于前一分句。"气象""精神"也应给予一定的强调和强化。

知识链接

刘熙载:江苏兴化人。清道光进士,官至广东学政,后主讲上海龙门书院多年。十九世纪文艺理论家和语言学家,被称为"东方黑格尔"。《艺概》是其最重要的著作,分别论述了古典诗、词、曲、赋、散文以及书法等的历史流变、创作理论和鉴赏方法,提出了启人心智的真知灼见。此书是我国文艺理论批评史上继刘勰《文心雕龙》之后又一部通论各种文体的杰作。

黄生借书说

袁枚

黄生/允修/借书。//随园主人/授以书/而/告之曰:"书/非借/不能读也。/子/不闻藏书者乎?/七略四库,/天子之书,/然/天子读书者/有几?/汗牛塞(sè)屋,/富贵家/之书,/然/富贵人/读书者/有几?/其他/祖父积、/子孙弃者/无论焉。///

非独/书/为然,/天下物/皆然。//非/夫(fú)/人之物/而/强(qiǎng)假(jiè)焉,/必虑/人/逼取,/而/惴(zhuì)惴焉/摩玩之不已,/曰:'今日/存,/明日/去,/吾/不得而见之矣。'//若/业/为吾所有,/必/高束焉,/庋(guǐ)藏焉,/曰/'姑/俟(sì)/异日/观'/云尔。"///

余/幼好书,/家贫难致。//有/张氏/藏书甚富。//往借不与,/归而/形诸梦。/其切如是。//故/有所览/辄(zhé)省(xǐng)记。//通籍后,/俸(fèng)去/书来,/落落大满,/素蟫(yín)灰丝,/时蒙卷(juàn)轴。//然后/叹/借者之用心专,/而/少时之岁月/为可惜也。///

今/黄生/贫/类予(yú),/其/借书/亦/类予。//惟/予之公书/与/张氏之吝书/若不相类。//然则/予/固/不幸/而/遇/张乎?/生/固/幸/而/遇/予乎?//知幸/与/不幸,/则/其/读 书 也/必专,/而/其/归 书 也/必速。///

为/一说,/使/与/书/俱。

【注释】1.汗牛塞屋:家里的书塞满了屋子,搬运起来累得牛都流汗。2.夫人:那人,指向别人借书的人。3.强假:勉强借来。4. 惴惴：提心吊胆、忧惧的样子。5. 摩玩：玩弄、抚弄。6. 庋：置放、收藏。7. 姑：姑且、且。8. 俟：等候、等待。9. 异日：日后、将来。10. 有所览：看到的。11. 辄：就。12. 省记：记在心里。省：明白。13. 俸：做官的俸禄。14. 落落：堆集的样子。15. 素蟫：指书里的白色蠹虫。16. 灰丝：指灰色的蜘蛛丝。17. 类：似、像。18. 惟：只是。19. 公：动词，同别人共用。20. 吝书：舍不得把书借给别人。21. 固：本来、诚然、实在。

【串译】有一个叫黄允修的读书人借书。我把书借给他，劝勉他说："书不是借的就不会好好读。你没听过那些藏书人的故事吗？七略四库，是天子内府的书，然而读书的天子有几个呢？富贵人家书籍之多，搬起来使牛马累得流汗，放在家里塞满屋子，然而读书的富贵人有几个？其他祖辈、父辈积藏书籍，子辈、孙辈丢弃书籍的事例就不必谈论了。

不只读书是这样，天下事物都这样。不是那人自己的东西，勉强借来，必定担忧别人逼着取回，就担心害怕不停地抚摸玩弄那个东西说：'今天存放在我手中，明天就要离开我了，我不能再见到这个东西了。'如果已经被我所拥有，必定会捆起来放在高处，搁在藏书的架子上藏好，说'姑且等到以后再看吧'，这样说说而已。"

我小时候爱好读书，但是家里穷，很难买到书读。有个姓张的人家藏书很多。我到他家去借，他不借给我，回来以后我梦中还出现向他借书的情形。那种迫切求书的心情就是这样。因此，只要有书就仔细看，牢牢记住。做了官以后，用俸禄去买书，家里到处都堆满了书。白色的蛀虫、灰色的游丝时常覆盖书本。我感慨借书的人是多么专心，而且少年的岁月是多么值得珍惜啊。

如今姓黄的年轻人像我从前一样贫穷，他借书苦读也像我从前一样。只是我把书公开与别人共用和张氏的吝惜自己的书,好像不大相同。如此一来,那么是我实在不幸而碰上张氏呢,还是黄生实在幸运而遇到我呢?黄生懂得借到书的幸运和借不到书的不幸,那么他读书一定很专心,而他还书也一定会很快。

写了这一篇借书说,让它同出借的书一起交给黄生。

【诵读提示】"说"本身不同于规范、正统的论说文。我们更宜把本文视为作者在有感而发的情况下率性而为的一篇带有游戏性质的小文。文章一开始就提出了"书非借不能读"的观点,出人意表,引人深思,随后围绕着这个中心,逐层展开阐述。先以帝王、富贵人家全都藏书丰富,却没有几个读书人,以及祖父辈尽心藏书而子孙辈随意毁弃书这三种常见的事实,来作初步证明;再用类比推理,以人们对于借来的东西和属于自己的东西所采取的不同态度,来说明这个论断是有普遍意义的。作者从那常见的现象中推究出其原因——"虑人逼取"这种外来的压力,会化为鞭策自己的动力,有力地证明了"书非借不能读"的观点。接着,作者又拿自己年少时借书之难、读书用心之专和做官后有了大量的书籍却不再读书等切身经历,从正反两个方面做进一步的论证。最后,在上述分析说明的基础上,紧扣"借书"一事,指出黄生有幸而遇肯"公书"的人,勉励他应该珍惜机会,勤奋学习。

诵读此篇有两个点应把握好:第一,对逝去的青年光阴的怀念;第二,对如今自己的自嘲。主旨在于鼓励、教育黄生,但却不是板起面孔训诫。文中多处运用对比方法,从正反两方面去阐明事理。如以"非夫人之物"与"若业为吾有"作对比,以"余幼好书,家贫难致"的勤学与"通籍后,俸去书来"的疏懒作对比,以"予之公书"与"张氏之吝书"作对比,以自身的"不幸"与黄生的

"有幸"作对比等等。诵读者应善于在对比中阐明道理,深化主题。

知识链接

袁枚:(1716—1797),清代诗人、诗论家,晚年自号随园主人。钱塘人。乾隆、嘉庆时期代表诗人之一,与赵翼、蒋士铨合称为"乾隆三大家"。从事诗文著述,编诗话发现人才,奖掖后进,为当时诗坛所宗。著作有《随园诗话》16卷。

登泰山记(节选)

姚鼐

余/以/乾隆三十九年十二月,/自/京师/乘风雪,/历齐河、长清,/穿/泰山西北谷,越/长城之限,/至于/泰安。//是月/丁未,/与/知府/朱孝纯/子颖/由/南麓/登。//四十五里,/道/皆/砌石为磴(dèng),/其级/七千有(yòu)余。///

泰山/正南面/有/三谷。//中谷/绕泰安城下,/郦道元/所谓环水也。//余/始/循以入,/道/少半,/越/中岭,/复/循/西谷,/遂/至/其巅。//古时登山,/循/东谷/入,/道/有天门。/东谷者,/古谓之/天门溪水,/余/所不至也。//今/所经/中岭/及山巅,/崖限当道者,/世/皆谓/之/天门/云。//道中/迷雾冰滑,/

磴/几不可登。//及既上,/苍山负雪,/明烛天南;//望/晚日照城郭,/汶水、/徂(cú)徕(lái)/如画,/而/半山/居雾/若带。///

戊(wù)申/晦(huì),/五鼓,/与/子颖/坐/日观亭,/待/日出。//大风扬/积雪击面。//亭东/自/足下/皆/云漫,稍见/云中/白若摴(chū)蒱(pú)立者,/山也。//极天/云一线/异色,/须臾/成/五彩;//日上,/正赤如丹,/下有红光,/动摇承之。/或曰,/此东海也。//回视/日观以西/峰,/或得日,或否(bù),/绛皓(hào)色,/而/皆/若/偻(lǚ)。

【注释】1.余:我。2.以:介词,在。3.京师:北京。4.乘:趁,意为"冒着"。5.历:经过。6.齐河、长清:县名。7.限:门槛,长城横卧山上犹如门槛。8.麓:山脚。9.磴:台阶、石级。10.环水:指泰安护城河。11.始:开始。12.循:沿着。13.道少半:走了一小半路程。道:用作动词,走路。14.巅:山顶。15.天门:指中天门。16.崖限:门槛似的山崖峭壁。17.当道:指横对着山路。18.云:句末语气词。19.几:几乎。20.既:已经,……以后。21.苍山:青山。22.负雪:覆盖着皑皑白雪。负:背。23.明烛:明亮地照耀。24.郭:外城。25.居:停留。26.若带然:好像长带子一样。27.戊申晦:戊申这一天是月底。晦:阴历每个月的最后一天。28.五鼓:五更。29.漫:弥漫。30.稍:隐隐约约地。31.摴蒱:也作"樗蒲",古代一种赌博名称,这里指一套五个的赌具"五木"。32.极天:天边。33.采:同"彩"。34.东海:东面的大海。35.或:有的。36.绛:大红。37.皓:白色。38.驳:杂、不纯。

39. 若偻：像脊背弯曲的样子，引申为鞠躬、致敬的样子。

【串译】我在乾隆三十九年十二月从京城出发，冒着风雪，经过齐河县、长清县，穿越泰山西北的山谷，跨过长城的界限，到达泰安。这月丁未日，我和泰安知府朱孝纯从南边山脚登山。行走四十五里，道路都是石板砌成的台阶，共有七千多级。

泰山正南面有三条山谷，当中那条的水环绕着泰安城，这就是郦道元书中所说的环水。我们开始沿着中间这条山谷往里走。走了不到一半，翻过中岭，再沿着西边那条山谷走，就到了泰山的顶峰。古时候登泰山，沿着东边的山谷进入，道路中有座天门。东边的山谷，古时候称它为"天门溪水"，是我没有到过的。现在经过的中岭和山顶，像门槛一样阻挡着道路，世人都称它为"天门"。一路上大雾迷漫、冰冻溜滑，石板石阶几乎无法攀登。等到已经登上山顶，只见深青色的山被白雪覆盖，明亮的雪光照耀着南边的天空。远望夕阳映照着泰安城，汶水、徂徕山就像是一幅美丽的山水画，停留在半山腰处的云雾，又像是一条舞动的飘带似的。

戊申日正是十二月的最后一天，五更时，我和朱孝纯坐在日观亭上等着看日出。这时大风扬起的积雪扑面打来。日观亭东面从脚底往下一片云雾迷漫，依稀可见云中几十个小白点像"五木"骰子一样立在那里，都是远山。天边云彩上有一线奇异的颜色，一会儿又变成五颜六色。太阳升起来了，纯正的红色像朱砂一样，下面有红光晃动摇荡着托着它。有人说，那就是东海。回首观望日观峰以西的山峰，有的被日光照着，有的没有，紫红、淡白，各种深浅不同的颜色，都像鞠躬致敬的样子。

【诵读提示】此文是作者同泰安知府朱孝纯游泰山后写的游记。文章以精练的语言，生动地描写了泰山雪后初晴的瑰丽景色和日出时的雄浑景象，写出了泰山的神秀壮丽，使人们感受到祖国山河的壮美。

其中第一、二段可归并为一个层次,第三段为一个层次。第一层次记述登山经过,着力叙写登山的艰难和到达山顶后所见的景象。这是本文叙写的重点之一。先写由京师到泰安,点明游览的时间和节令。"自""历""穿""越""至于"几个动词蝉联而下,诵读时应充分表现旅途的艰苦、活画出作者风尘仆仆的神态及急于登泰山的浓厚游兴。再写由山麓到山顶,详细记述路上的情况和一些相关的地理知识;最后写到达山顶后所见的景象,描绘了一幅泰山夕照图。诵读时注意"半山居雾若带然"这一句神来之笔,使这幅雪山晚晴图神采顿现,表现出泰山安详、明媚,肃穆中带有温柔飘逸美的特殊风韵。第二层次,在日观亭观日出是作者此行的主要活动,当然也是文章的又一个描写重点。作者按照时间顺序依次描写日出前、日出时和日出后的不同景色,展示给读者一幅泰山日出迅速变化的画面。这一部分描写色彩鲜明,形象生动,动静俱观,把太阳未出、将出、正出、出后的一系列连续画面描绘出来了,再现了日出前后瞬息万变的奇幻景色。晚照固然媚丽动人,但日出更壮美、更有气势、更激发人向上。这是自然景物本身在对比中表现出来的丰富含义,也是作者之所以要长途跋涉、顶风冒雪登临泰山一睹日出的原因。

诵读此篇:第一,要在语气中洋溢出对祖国河山的热爱赞颂之情;第二,要表现出作者不顾条件恶劣,克服种种困难,登山一览的高昂情绪。全篇以短句为主,适当夹用长句,应体现出此文简洁爽朗而不局促、明确形象却不呆板的艺术特色。诵读基调积极、乐观、豪迈,使人通过有声语言的创作不仅能欣赏到自然之美,也多少能领略一些人生的真谛。

知识链接

　　姚鼐清代诗人,桐城人。乾隆二十八年进士,曾参与编修《四库全书》。主张文章必须以"考据""辞章"为手段,以阐扬儒家的"义理",并以阳刚、阴柔区别文章的风格。治学以经为主,作品多为诗序碑传之类。散文简洁精练,温润清新,形象性强,是桐城派中影响最大的人物之一。